Indien – Impressionen eines Landes

INDIEN
Impressionen eines Landes

Photographie
Roland & Sabrina Michaud

Text
Olivier Germain-Thomas

Hirmer Verlag München

Anmerkung zur Transkription

Die Schreibweise indischer Wörter, die im Deutschen wie Lehnwörter behandelt werden, ist der deutschen angepaßt worden, z. B. Brahmane, Aschram. Das *ṅ* entspricht dem deutschen *ng*. Das *c* wird wie deutsches *tsch*, *j* wie englisches *j* in *just*, *ñ* wie französisches *gn* ausgesprochen. *ḍ*, *ṭ*, *ḷ*, *ṇ* und *ṣ* werden gesprochen wie *d*, *t*, *l*, *n* und *s*, jedoch mit gerollter Zungenspitze. *y* und *v* sind wie deutsches *j* und *w*, *ś* etwa wie das deutsche *sch* auszusprechen; *s* ist immer scharf, *ḥ* ein tonloser Hauchlaut; *ṃ* erinnert an das französische *n* in *Jean*, *ṛ* klingt ungefähr wie deutsch *ri*. Ein Balken über dem Vokal bedeutet eine Längung.
(Anm. Übers: In Anlehnung an Gonda, Jan: Die Religionen Indiens. »Die Religionen der Menschheit«, Bd. 11, Stuttgart: 1978).
Geographische Namen und Namen von Persönlichkeiten der jüngeren Geschichte folgen der Schreibweise, die heute in der englischsprachigen Literatur Indiens verwendet wird (Anm. Übers.)

Übersetzung aus dem Französischen:
Dr. Sylvia Höfer

Titel der Originalausgabe: »Le voyage des Indes«

Lektorat: Dr. Veronika Birbaumer
Wissenschaftliche Beratung: Dr. Claus Peter Zoller,
Südasien-Institut, Universität Heidelberg
Produktion: Peter Grassinger
Graphische Gestaltung der Originalausgabe: François Chevret
Druck und Bindung: Printer Trento S.r.l., Trento–Gardolo

Bibliographische Information der Deutschen Bibliothek:
Die Deutsche Bibliothek verzeichnet diese Publikation in der Deutschen Nationalbibliographie; detaillierte bibliographische Daten sind im Internet über ›http://dnb.ddb.de‹ abrufbar.

ISBN: 3-7774-2215-0

Printed and bound in Italy

Inhalt

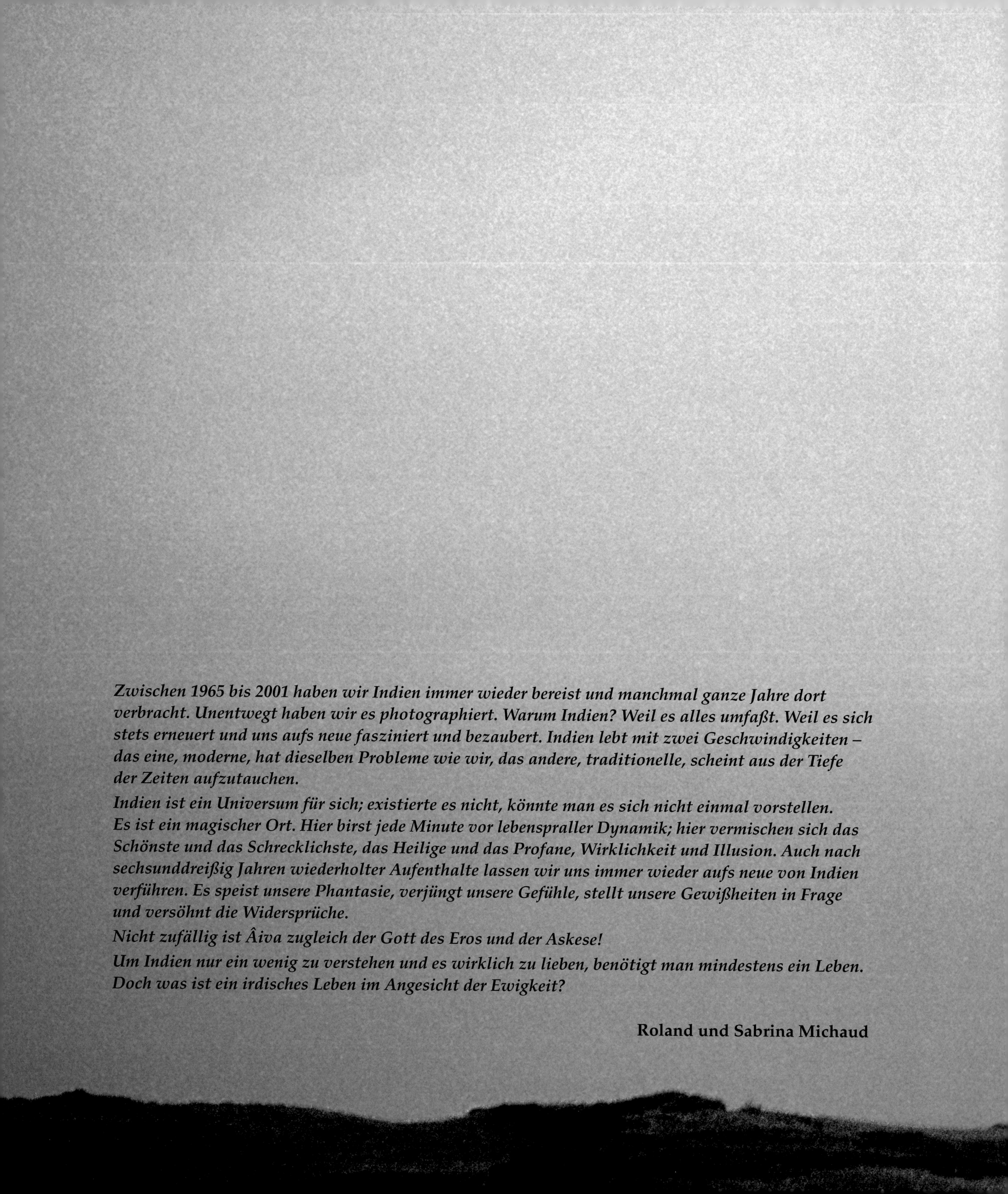

Zwischen 1965 bis 2001 haben wir Indien immer wieder bereist und manchmal ganze Jahre dort verbracht. Unentwegt haben wir es photographiert. Warum Indien? Weil es alles umfaßt. Weil es sich stets erneuert und uns aufs neue fasziniert und bezaubert. Indien lebt mit zwei Geschwindigkeiten – das eine, moderne, hat dieselben Probleme wie wir, das andere, traditionelle, scheint aus der Tiefe der Zeiten aufzutauchen.

Indien ist ein Universum für sich; existierte es nicht, könnte man es sich nicht einmal vorstellen. Es ist ein magischer Ort. Hier birst jede Minute vor lebenspraller Dynamik; hier vermischen sich das Schönste und das Schrecklichste, das Heilige und das Profane, Wirklichkeit und Illusion. Auch nach sechsunddreißig Jahren wiederholter Aufenthalte lassen wir uns immer wieder aufs neue von Indien verführen. Es speist unsere Phantasie, verjüngt unsere Gefühle, stellt unsere Gewißheiten in Frage und versöhnt die Widersprüche.

Nicht zufällig ist Âiva zugleich der Gott des Eros und der Askese!

Um Indien nur ein wenig zu verstehen und es wirklich zu lieben, benötigt man mindestens ein Leben. Doch was ist ein irdisches Leben im Angesicht der Ewigkeit?

Roland und Sabrina Michaud

 Straße in einem Dorf in Tamil Nadu.

Zum Geleit

Über dieses kam am Anfang das Liebesverlangen
was des Denkens erster Same war.

Ṛg-Veda 10.129

Dieser auf Impressionen beruhende Text wurde von einem Wanderer verfaßt, der Indien seit mehr als dreißig Jahren studiert und bereist. Indien hat seinen Geist geprägt und ist in Schichten seiner Empfindsamkeit vorgedrungen, die seit seiner Kindheit verschüttet waren.

Ohne auf die Weitergabe enzyklopädischer Informationen zu verzichten, wird der Autor aus seiner Erfahrung schöpfen und während der Reise versuchen, von einer Station zur nächsten herauszufinden, was Indien von den anderen großen Zivilisationen unterscheidet. Auszüge aus Quellentexten und Zitate verschiedener Schriftsteller werden den Blickwinkel des Lesers erweitern, während ihm am Schluß des Buches die detaillierten Legenden zu den Photographien von Roland und Sabrina Michaud, sowie eine Karte, ein Glossar, eine Chronologie und eine Bibliographie ermöglichen, die durch die Bilder und den Text vermittelten Eindrücke zu festigen. Wissen, um besser zu sehen, oder sehen, ohne zuviel zu wissen, um besser zu fühlen? Der Geist des Buches gestattet jedem, die Mischung so zu dosieren, wie es ihm behagt.

Indien hat mit Vorliebe seine Gottheiten mit einer männlichen und einer weiblichen Seite dargestellt. Können auch Photographien und Worte sich so ergänzen und ein einziges kohärentes Bild heraufbeschwören? Man sollte den Text in diesem Sinne lesen. Auch wenn klar ist, daß er die Photographien nicht zu kommentieren vermag, ließ sein Verfasser sich doch von ihrem Licht inspirieren. Übereinstimmungen sind bald sichtbar und wirken wie zwei Beleuchtungen derselben Wirklichkeit, bald jedoch nur unterschwellig spürbar, weil mit indirekten Komplementierungen gespielt wird.

Bekanntlich neigt die Hand dazu, ein illustriertes Buch am Ende aufzuschlagen, ohne Rücksicht darauf, daß die Abfolge der Bilder gegenläufig konzipiert wurde, doch hier sind tatsächlich verschiedene Einstiege möglich. Es sei daran erinnert, daß das *maṇḍala* rund ist und die Gottheit sich in der Mitte befindet, nicht an den Rändern. Außerdem: Die Vorstellung von einem multiplen Zentrum entspricht genau dem Genius Indiens.

Olivier Germain-Thomas

Feuer und Wasser

> *Von allem, was ist, war und sein wird, von allem,*
> *was sich bewegt oder unbeweglich bleibt, ist einzig die Sonne* [Sūrya]
> *der Anfang und das Ende.*
>
> Bṛhad-Devatā, 1.61

Die Erde gleicht der Haut einer Mumie. Tritt man auf ihre Risse, wirbelt feiner brauner Staub auf, die Zeit. Die Sonne, hinter ihrem Schleier, bewundert die Werke ihrer Verwüstung: verbrannte Pflanzen, abgemagerte Herden, ausgetrocknete Tümpel. Keine Anbetung hat vermocht, ihr Feuer zu bändigen. Ein streunender Hund zuckt noch in dem ausgedorrten Bett des Flusses. Er wartet die Nacht ab, um zu sterben. Erinnert sich ein Teil seines Bewußtseins an seine früheren Existenzen und hofft nach diesem jämmerlichen Dasein auf ein besseres Leben? Zunächst jedoch ist er dem Feuer des Himmels ausgesetzt, das die Hymnen verherrlichen. Damit klar ist: Nicht das wird angebetet, was gut ist, sondern das, was *ist*. Also die Sonne, die Schlange, die Göttin Kālī mit ihrer Halskette aus Schädeln, Śiva, der, von Flammen umgeben, tanzt, oder Gottheiten, die beide Geschlechter in sich vereinen.

Hier auf dem kahlen Plateau steht ein Banyanbaum. Er scheint eher vom Himmel gefallen als der toten Erde entsprossen zu sein. Dieser Baum ist raffiniert und weiß, von welchen Launen die Jahreszeiten angetrieben werden. Um sich vor ihnen zu schützen, sendet er aus der Mitte seiner Äste neue Wurzeln aus, die weiter entfernt von dem Wasser zehren, das die Erde dort versteckt hält. Sein Stamm und die unzähligen Wurzeln bilden eine Kolonnade, ja, einen Tempel. Die Bereitschaft zur Anbetung läßt in Indien wirklich keine Gelegenheit aus! Auch die Ziegen wissen das. Sie kauern im Schattenkreis, den der Banyan auf die Erde wirft. In ihrem keuchenden Atem schwingt so etwas wie ein Gebet. Indien hat immer schon den Baum verehrt. Von Anbeginn ist er ein Heiligtum, Wohnstatt einer Gottheit. Noch heute beherbergt er die Statuen, die heilen oder mitfühlen. Als der Buddha unter einem Baum die Erleuchtung empfing, hat er ihn zum Lehrer erhoben. Gegen den Stamm sitzend gelehnt, kann der Mensch seine wahre Natur wiederfinden, die verborgen ist, wie das Wasser unter der Erde oder das Beständige hinter dem Schein – so, wie es uns die Philosophie Indiens in vielfältiger Gestalt immer wieder lehrt.

Jenseits des Schattens bis hin zum Horizont, wo Himmel und Erde zu gelblichem Staub verschmelzen, herrscht der Tod. Die Kraft der Sonne ist so gewaltig, daß sich nichts mehr rührt und wie in einem Schraubstock gefangen ist.

Wie um mich Lügen zu strafen, rumpelt auf einer Straße ein Lastwagen nach Osten. Einen Moment lang werfen Glas und Blech einen stechenden Sonnenstrahl zurück. Dieser Verrückte vermag also der

Vorhergehende Doppelseite: Morgennebel. Kalkutta.

Wucht des Feuers zu trotzen? Er hat kein Gesicht. Hinter sich zieht er einen schwarzen Streifen her, der rasch aufgeleckt wird vom gelben Lebenstrinker. Die alte Kiste verschwindet, ebenfalls vom Staub verschluckt. Dann bettet uns die Stille auf den Boden. Es ist beruhigend zu glauben, daß dort ein Absolutes herrscht, und es als Lebenszustand zu verstehen. Aber sogleich befindet man sich im Widerspruch zu der Warnung Indiens vor der *Illusion*, vor dem Glauben an das Wirklichsein der Welt. Die Formen, aus denen sich die »Wirklichkeit« zusammensetzt, sind nur Erscheinungen. Nur Schein ist also das Licht, Schein der allgemeine Stillstand, Schein das Schweigen.

Müßte nun zur Ergänzung der Lektion ein Asket (*saṃnyāsin**) erscheinen, der, nackt, mit Asche bedeckt und mit dem Haarschopf eines heiligen Johannes des Täufers auf uns zukäme? Unmöglich. Die Asketen, die weder Hunger noch wilde Tiere fürchten, empfinden keine Freundschaft für das Feuer des Himmels. Die Gleichgültigkeit wird dadurch geübt, daß man auf die Rhythmen des Lebens achtet. Die Glocken, die in den Heiligtümern die Zeremonie des Feueropfers ankündigen, haben niemals verlangt, daß man sich am Feuer verbrennt; es gilt vielmehr, es zu zähmen. Unmöglich in dieser Jahreszeit.

Keine Menschenseele also, doch in der Ferne zittert eine Gestalt im Staub. Es ist eine Felsenkuppe, auf die Ebene gepflanzt. Heilig von Anbeginn, ist sie natürlich mit einer kleinen Kapelle bekrönt. Sie glüht so sehr, daß nur die Phantasie sie erklimmen kann. Unter der Einwirkung der Sonne feiern dort oben Himmel und Erde eine blutige Hochzeit in diesem Land, das auch die zarte Liebe zwischen Kṛṣṇa und Rādhā besungen hat.

In welchem Zustand wird sich das erste Dorf inmitten dieser Glut befinden? Ist es von den Menschen verlassen? Mitnichten! Fröhlich geht es dort zu, Mensch und Tier haben sich unter den Strohdächern versammelt in der Erwartung der (ganz kurzen) Rast, die die Nacht bringen wird.

Sind die Menschen bedrückt? Keineswegs! Seit Jahrtausenden an die Grausamkeit der Jahreszeiten gewöhnt, warten sie mit heiterem Gleichmut auf den Stimmungsumschwung der Sonne. Nichts steht fest, heißt es in den Texten der Väter. Wie sollte man nicht umkippen, wenn die Welt sich bewegt? Standfestigkeit ist nur in einem selbst zu finden. Der indische Bauer weiß das instinktiv. An einem Hundstag oder während eines Unwetters möchte man neben ihm sitzen, seine Kraft spüren. Man nennt es zu Unrecht Gleichgültigkeit. Tatsächlich handelt es sich um ein festes Verbundensein mit einer anderen Wirklichkeit.

Nun senkt sich die Abenddämmerung über das Dorf. Sie ist kurz und von einer Freigebigkeit, die den hartnäckigsten Skeptiker zum Anbeter macht. Die Frauen am Fluß. Sie klatschen die roten und grünen Tücher gegen die Steine, während das Lachen der nackten Kinder das Vieh ungerührt läßt, das seinen Durst an einer Wasserpfütze stillt. Vom Himmel aus betrachtet hat die Erde das Gesicht eines Sterbenden angenommen, der ein letztes Lächeln versucht: die Spur des Wassers.

* Siehe das Glossar S. 311-312

Ländliche Szene. Orissa.
Rechte Seite: Palmen im Gegenlicht.

Ihr, die Wasser, die ihr tröstet,
gebt uns die Kraft,
die Größe, die Freude, das Schauen!

Ṛg-Veda, 19.9

Mit Einbruch der Nacht treten die Geräusche des Dorfs immer deutlicher hervor: das Schreien eines Säuglings, das Quietschen eines Rades, das Meckern einer Ziege ... Ein paar Stunden vor dem Morgengrauen hat der Schlaf Mensch und Tier übermannt, die im Freien schlafen während einer kurzen Atempause vor der Wiederkehr der roten Reiter.

Die reine Gewalt ergießt sich über die Erde. Sieh zu, daß du den Baum noch unter der leichten Dusche erreichst, bevor der herabschießende Regen deinen Körper in den Schlamm schleudert! Schon hat sich der Weg dort unten in einen Sturzbach verwandelt, der die Erde mit sich reißt. Unmöglich, weiter als einen Meter zu sehen. Es ist, als durchkreuze ein Wahnsinniger mit wütenden Strichen die Zeichnungen der Schöpfung. In diesem Dorf sind alle Dächer in sich zusammengefallen, und das Wasser, das sich auf den Wegen sammelt, schwemmt Holzstücke, aufgeblähte Rattenleiber, Abfälle, Teller, eine vergeblich gackernde Henne, einen blauen Sari davon. Von der Bergkuppe herab übertrumpfen sich Himmel und Erde bei der Erfindung von Nuancen der Farbe Grau. Die Erde? Eine wirbelnde Wassermasse. Der Himmel? Eine geplatzte Blase mit unerschöpflichem Inhalt.

Der Fluß ist sechsmal so breit wie vor dem Monsun. Er donnert dahin in allen Schattierungen von Braun und Beige, spült die Erde, Fuhrwerke oder, wie heute früh, ein Kind davon, das sich verlaufen hatte. Niemand, der seine Schreie hätte hören können.

Die Straßen sind leer, die Züge stehen still, die eiserne Brücke ist eingestürzt wie im letzten Jahr diejenige, über die, auf halben Weg zum Himmel, Zug Nr. 6043 fuhr, dessen Passagiere aber dank ihrer Gebete größtenteils unverletzt blieben.

Noch stärkere Umwälzungen in den Städten, wo man im Wasser watet, während es auf den Wellblechdächern wie wild trommelt, was die Sturmböen noch mehr zu erzürnen scheint. Das Leben draußen – also fast das gesamte Leben – kommt und geht mit den Launen der Wolken. Vom Schuhputzer bis zum Handleser sind alle, die ihre Geschäfte auf den Gehsteigen betreiben, geflüchtet, während die Kinder und die Alten auf eine Pause warten, die ihnen ihr ureigenstes Terrain zurückgibt. Sie lachen. Warum lachen sie jetzt, da doch alles so grau ist? Sie lachen, weil das Leben Lachen ist und weil es besonders lustig ist, sich im Wasser eines Flusses zu tummeln. Ohne elektrisches Licht färbt sich die Nacht wieder tiefschwarz, bis auf die Momente, in denen ein Windstoß den Mond blank fegt. Dann bietet sich ein zauberhafter Anblick dar mit den Tausenden von Tropfen, die von den Dächern perlen, und den silbernen Lichtspuren, die sich durch Straßen schlängeln. Man bleibt ergriffen stehen.

Eine Wolke. Weitergehen und die Arme ausbreiten, um nach Löchern, Mauern, Brettern zu tasten. Ein Blitz. Nackter Körper der Stadt. Niemals ist sie so schön gewesen. Hände zum Gebet gefaltet. Platsch! Und man findet sich in einem übelriechenden Pfuhl wieder. Den Veda zitieren:

Dich, der das große Licht bringt, du Weitschauender, den Leuchtenden,
eine Freude für jedes Auge, der du aus der hohen Lichtgestalt aufsteigst,
möchten wir lebend wiedersehen, o Sūrya!

Ṛg-Veda, 10.37

Eine Gewißheit: Korrekt aufgesagte Gebete werden immer erhört. Wenn nicht heute, dann in hundert Jahren.

Fünf Tage nach dem Erguß des Himmels triumphiert die Sonne. Sie entschuldigt sich nicht, sondern breitet über alles ein fließendes, bebendes Licht, das den Beweis dafür liefert, daß die Götter die Welt der Finsternis nur verlassen haben, um bewundernd zuzusehen, wie nach dem Regen das Gold vom Banyan tropft. Zu Recht heißt es, sie seien der Menschen überdrüssig. Doch Kṛṣṇa findet im Wald, in dem die Tropfen schillern, seine Flöte wieder.

Im Anfang war Finsternis in Finsternis versteckt;
all dieses war unkenntliche Flut. Das Lebenskräftige,
das von der Leere eingeschlossen war, das E i n e wurde
durch die Macht seines heißen Dranges geboren.
[...]
Wer weiß es dann, woraus sie sich entwickelt hat?

Ṛg-Veda, 10.129

Traditioneller Gruß.
Linke Seite: Straßenszene. Kalkutta.

 Ländliche Szene. Karnataka.

Kuhherde

Vorhergehende Doppelseite: Ländliche Szene. Maharashtra.

Kinder. Gujarat.

Indien begreifen?

Eine klare Nacht, diese indische Nacht, die die andere Hälfte des Himmels ist. Die Sternbilder zeichnen Figuren ans Firmament, und man kann den Löwen oder den Steinbock erkennen. Doch es handelt sich um eine willkürliche Montage, denn in Wirklichkeit befinden sich die Sterne nicht auf derselbe Ebene. Zwischen dem uns nächsten Stern im Großen Bären und dem fernsten liegen eintausendzweihundertsiebzig Lichtjahre. Ähnlich verhält es sich mit den Zivilisationen, die man durch ein einfaches Zusammenziehen von Raum und Zeit auf ein Schema reduziert hat. Der Blick muß sich anstrengen, um ein plastisch hervortretendes Ensemble, komplex und ohne scharfe Konturen, auszumachen, das keine Formel je auf ein beruhigendes Prinzip verkürzen kann. Ein ebenso vielgestaltiges Gebiet wie das Europas, vom Himalaja bis hinunter in die tropischen Regionen des Südens, sowie fünfzig Jahrhunderte Geschichte, mehrere Invasionen, verschiedene Religionen, deren Wiege hier stand, andere, die von außen kamen, zudem eintausendsechshundert Sprachen und Träger aller Hautfarben ... bilden ein Land, das zwar einen besonderen *Geist* besitzt, aber keine Kohärenz. Indien selbst fordert uns auf, einseitige Antworten zu verwerfen, indem es uns eine Erzählung liefert, die jeder Annäherung an das Wissen als Prämisse dienen sollte. Sie ist einem Sūtra der buddhistischen Tradition entnommen und berichtet davon, wie ein König eines Tages Blindgeborene um sich versammelt und sie fragt, ob sie wissen wollen, von welcher Gestalt der Elefant ist. Die Blinden bejahen:

Sogleich befahl der König seinen Dienern, einen Elefanten herbeizuschaffen, und den Blinden, das Tier selbst mit ihren Händen zu berühren. Einige, die den Elefanten abtasteten, ergriffen den Rüssel, und der König sagte zu ihnen: »Das ist der Elefant.« Die anderen, die den Elefanten abtasteten, faßten das Ohr, die Stoßzähne, den Kopf, den Rücken, die Seite, den Schenkel, den Vorderfuß, die Fußspuren oder den Schwanz.

Zu allen sagte der König: »Das ist der Elefant.«

Dann ließ der König den Elefanten wegführen und fragte die Blinden: »Von welcher Gestalt ist der Elefant?«
Die Blinden, die den Rüssel ergriffen hatten, sagten: »Der Elefant gleicht einer gebogenen Deichsel.«
Diejenigen, die das Ohr ergriffen hatten, sagten: »Der Elefant gleicht einem Korb.«
Diejenigen, die einen Stoßzahn ergriffen hatten, sagten: »Der Elefant gleicht einem Stößel.«
Diejenigen, die den Kopf ergriffen hatten, sagten: »Der Elefant gleicht einem Kessel.«
Diejenigen, die den Rücken ergriffen hatten, sagten: »Der Elefant gleicht einem Hügel."
Diejenigen, die die Flanke ergriffen hatten, sagten: »Der Elefant gleicht einer Mauer.«
Diejenigen, die den Schenkel ergriffen hatten, sagten: »Der Elefant gleicht einem Baum .«
Diejenigen, die den Vorderfuß ergriffen hatten, sagten: »Der Elefant gleicht einer Säule.«
Diejenigen, die die Fußspuren ergriffen hatten, sagten: »Der Elefant gleicht einem Mörser.«
Diejenigen, die den Schwanz ergriffen hatten, sagten: »Der Elefant gleicht einem Seil.«
Sie beschuldigten sich alle gegenseitig des Irrtums.
Die einen sagten: »Es ist so.«
Die anderen erwiderten: »Es ist nicht so.«
Statt sich zu beruhigen, artete ihre Diskussion in einen Streit aus.
Als der König dies sah, konnte er sich ein Lachen nicht verkneifen.

Dīrghāgama Lokaprajñāpti sūtra

Observatorium. Jaipur, Rajasthan.
Rechte Seite: Observatorium. Jaipur, Rajasthan.

BINDIYA
CHAMKEGI
TARUN DUTT
R.D. BURMAN
SONEX
TRANSISTORS
ASSETTE RECORDERS
aharaja Lal & Sons
M. SETH
THROAT SURGEON
Dr. O.B. MATHUR

saree emporium
WEDDING SAREES
506, KATRA ASHRAFI
CH.CH. DELHI Ph. 268540
saree emporium
WEDDING SAREES
saree emporium
POLAR FANS
LIGHT HOME

Ist ihm, dem König, bewußt, daß über ihm ein Kaiser über sein Lachen lacht, als er seinerseits feststellt, daß er schon einen kleinen Teil des wahren Elefanten für einen Elefanten hält? Und weiß er, der Kaiser, daß über ihm ...?

Diese Geschichte sollte uns zum Schweigen bringen. Oder zumindest wäre es ratsam, nicht mehr zu wiederholen: »Indien gleicht ...«. Gefordert ist eine notwendige, wenn auch kaum geübte Enthaltsamkeit. Allenthalben tauchen über Indien ebenso bestimmt wie leichtfertig vorgetragene Behauptungen auf, zu denen wenige Länder reizen, zumal hier, mehr als anderswo, das Geflecht der Ursachen oft verborgen bleibt.

Lauschen wir der Fama: Indien ist ein armes Land; die Inder verzetteln sich in der Mystik (und man stellt zwischen den beiden Dingen einen Zusammenhang her); sie sind irrational; die Gurus sind Spaßvögel und die Kasten eine Scheußlichkeit; die Elenden sterben auf der Straße; die Frauen sind Sklavinnen des Mannes; Hindus und Muslime verabscheuen sich gegenseitig, und es herrscht eine solche Unordnung, eine solche Korruption, daß Indien sich niemals davon befreien wird – und dieser Polytheismus, sehen Sie nicht, daß er ganz und gar unzeitgemäß ist? Und ... Und ...

Jede Schwärmerei in die Gegenrichtung wäre genauso dumm. Ja, es stimmt: Die indische Demokratie ist nicht mustergültig; die Inderinnen sind nicht die schönsten Frauen der Welt; die Kasten bilden nicht das ideale Gesellschaftssystem; echte Lehrer sind äußerst rar gesät; eine Gleichgültigkeit gegenüber dem Geld existiert praktisch nicht; die Gewaltlosigkeit ist in der Geschichte Indiens ebenso selten gewesen wie die Nächstenliebe in der der Christenheit; schon lange üben die Tempelprostituierten ihre Kunst nicht mehr aus; die Mitgift wirkt sich ruinös aus; die Religion löst sich im Zuge der Urbanisierung auf; den Wallfahrten haftet nichts Mystisches an, und das arme hinkende Waisenkind, das die Hand ausstreckt, ist von Betrügern geschickt, die ihm das erbettelte Geld wieder abknöpfen.

Sobald man sich einmal auf den Weg der Verleumdung oder der Idealisierung begeben hat, kommen die Argumente so leichtfüßig wie nutzlos daher. Für eine gerechte Beurteilung muß man sich von vornherein freimachen und versuchen, jene Modelle zu vergessen, nach denen sich unsere Art des Denkens strukturiert. Angesichts ihrer *jāti* (nicht korrekt mit »Kasten« übersetzt) muß man unsere Klassen vergessen, angesichts ihrer Gebete unser Vaterunser, angesichts ihrer Götter Griechenland, angesichts des Eros die Psychoanalyse vergessen, angesichts der erotischen Skulpturen ruhig Blut bewahren und angesichts eines Obststandes – den Photoapparat wieder einpacken.

Die schlimmste Versuchung ist, nach *dem* Schlüssel suchen zu wollen. Kein Schlüssel wird jemals Indien öffnen, weder der Schlüssel der Jahreszeiten, noch jener der Mythen oder Glaubensvorstellungen, noch der der Geschichte. In Ermangelung eines einzigen Schlüssels müßte man ebenso viele ausprobieren, wie es Götter gibt – also dreihundertdreißig Millionen. Da es unmöglich ist zu behaupten: Indien, das ist ..., stellen wir einfach nur fest: Indien *ist*. Und setzen dahinter einen Punkt und basta.

Einmal pro Zeile erinnern wir daran, daß eine der Ursachen von Indiens Vielschichtigkeit in der Faszination liegt, die es zu allen Zeiten ausgeübt hat, und daher von der Vielfalt der Völker rührt, die

Vorhergehende Doppelseite: Belebte Straße. Alt-Delhi.

dort eingefallen und, meistens, geblieben sind: Arier, die die Veden brachten, Perser, Griechen, Skythen, Hunnen, Araber, Türken, Afghanen, Moguln und schließlich Europäer: Portugiesen, Holländer, Franzosen und Briten. Seit der Ankunft der Arier (an deren Geschichte nur die Mythen erinnern) sollte Indien Herrscher erleben, die sich zum Vedismus, Brahmanismus, Buddhismus, Hinduismus, Islam und Christentum bekannten. In Indien selbst entstanden auch verschiedene Formen des Schamanismus sowie der Jainismus und die Religion der Sikhs. Lange Zeit existierten zudem an der Westküste jüdische Gemeinden; orientalische Christen haben sich schon in der Frühphase des Christentums hier angesiedelt, und die Parsis (Anhänger Zarathustras) haben in Indien ebenso Zuflucht gefunden wie in jüngerer Zeit Buddhisten aus Tibet. Dieses einzigartige Wort »Indien« (der Name leitet sich vom Fluß Indus ab, der im heutigen Pakistan entspringt) umfaßt so vielfältige Wirklichkeiten, daß man eigentlich jedes Mal, wenn man es benutzt, zur Präzisierung Ort und Epoche anfügen müßte. Man behalte das Bild mit den vielen Armen und Köpfen vor Augen, die mit der jeweiligen Beleuchtung ihre Form verändern.

Das Etikett »Mystik«, das Hindu-Indien angeheftet wurde, verzerrt unsere Wahrnehmung. Die indischen Massen, die sich regelmäßig auf Wallfahrten begeben, sind mitnichten mystischer veranlagt als die mittelalterlichen Menschenmengen, die sich ihr Heil erkauften, indem sie den Preis für einen Marsch zu einem heiligen Ort bezahlten. Die erste Phase religiöser Begeisterung, oft die einzig sichtbare, ist *physischer* Natur. Die lebendige Welt (der Mensch und mit ihm alle Geschöpfe) wird von unwandelbaren Gesetzen bestimmt, die ihren Ausdruck finden in den offenbarten Texten und den vielen im Laufe der Jahrhunderte oft und geduldig hinzugefügten Kommentaren. Es geht also darum, sie dem Buchstaben nach zu respektieren, wie es ein Bergsteiger oder ein Nuklearingenieur tun würde. Die Rezitation von Gebeten und die Durchführung von Ritualen wirken sich auf die Ordnung oder Unordnung der Welt aus. In unserer – westlichen – Kultur haben wir uns daran gewöhnt, dem freien Willen Vorrang einzuräumen, und sind deshalb von der Idee, daß dem heiligen Wort eine Wirkkraft innewohnt, abgerückt. Eine fehlerhafte Rezitation der Veden dagegen ist ein so schweres Vergehen, daß man, um den sich daraus ergebenden Katastrophen zu entgehen, Wiedergutmachung leisten muß. Das, was man zu Unrecht als lästige Überbetonung des Formalen interpretiert, ist eine Sühnetechnik. Der Gott oder die Göttin (oder beide in einem) im Herzen des Heiligtums ist eine energiespendende Quelle. Einen ganzen Tag lang werden die Menschenmassen in drückender Hitze Schlange stehen, bevor sie in das Allerheiligste vordringen, den Ort der Heilung, an dem man sich an magischen Schwingungen – der Gottheit – berauscht.

Nachfolgende Doppelseite: Verkehrsstau. Alt-Delhi.

1984
रिन
देता है
सफ़ेदी

सुपर रिन
आपको
देता है
PUBLIC

Straßenszene. Alt-Delhi.
Rechte Seite: Bettler. Benares.

Kreuzung. Alt-Delhi.

KHUSH-DIL HOTEL
KUMAR & CO
CHAINA RAM
ATLAS

Lastenträger. Alt-Delhi.
Rechte Seite: Pontonbrücke. Benares.

BRITANNIA
Malt Bisk
BRITANNIA
Malt Bisk
BRITANNIA
1719
EXTRA
BRITANNIA
Malt Bisk
BRITANNIA
Malt Bisk

Das Wort Polytheismus gibt Anlaß zu Verwirrung. Während es, ähnlich den vielen Regeln, die die materielle Welt organisieren, unzählige Götter gibt – Götter für die Lust, die Inspiration, die Fruchtbarkeit oder die Erfindung der Laute – so existiert auch ein allumfassendes Prinzip. Seit der nachvedischen Epoche findet sich in den Texten das *brahman,* das höchste Es, Ursache und Kraft. Man kann es weder darstellen noch mit Worten definieren. Nur das *neti neti* erlaubt, ihm gerecht zu werden. Das *brahman* ist also das Weder ... Noch. Es ist weder Dieses noch Jenes. Will man sich ihm annähern, bedarf es eines Vermittlers. Auf dem Höhepunkt der mystischen Erfahrung schwindet das Subjekt, indem es im *brahman* aufgeht.

Dort strahlt die Sonne nicht, auch der Mond nicht,
Noch die Sterne, noch diese Blitze,
Noch weniger dieses Feuer ...
Es allein strahlt
Und alles strahlt in Seinem Gefolge.
Das ganze Universum
Ist nur ein Widerschein Seines Glanzes.

Śvetāśvatara Upaniṣad, 6.14

In ihrer konsequenten Verwerfung jeglicher Götzendienerei haben die muslimischen Invasoren anfänglich nur die äußeren Erscheinungsformen dieser Religion beachtet, die ihren Abscheu ebenso erregten, wie sie später dann das Hohngelächter der oberflächlichen Reisenden aus dem Abendland auslösten, mit Ausnahme derjenigen, die in einer einfältigen Reaktion ins Schwärmen gerieten und in ihnen lediglich eine Antwort auf ihre eigenen Unzulänglichkeiten sahen.

Zwar entspringt die Vielfalt religiöser Gestalten der Vielfalt der lebensbestimmenden Regeln und Tendenzen – vom Eros bis zur schließlich vollständig vereinigenden Verschmelzung –, doch es gibt eine andere Ursache, die die Überfülle an Betrachtungsweisen erklärt, nämlich die Geschichte.

Die religiösen oder kulturellen Strömungen, die in Indien entstanden sind, haben die vorherigen Schichten nicht zerschlagen, sondern sich ihnen einfach hinzugefügt. So haben die arischen Götter die vorvedischen Gottheiten nicht ausgelöscht, und ebensowenig hat der Buddhismus die Götter des Brahmanismus ausgerottet; der Hinduismus hat es siegreich verstanden, einen Teil der Metaphysik des Buddhismus zu integrieren; der Tantrismus hat den Buddhismus wie den Hinduismus befruchtet; der Sikhismus hat eine Synthese zwischen dem Islam und dem Hinduismus versucht, etc. Die Aschrams neuerer Prägung, in denen sich Abbildungen des Buddha und von Christus neben denen von Rāma, Pārvatī oder Viṣṇu finden, tun also nichts anderes als auf ihre (vereinfachende) Weise einer Neigung zu frönen, die Indien immer schon ausgezeichnet hat. Wollte man den heute in Indien praktizierten Hin-

 Vorhergehende Doppelseite: Straße mit Trambahn. Kalkutta.

duismus, der ja eine Vielfalt religiöser Richtungen umfaßt, auf den Mittelmeerraum übertragen, würde das bedeuten, daß man dort, unter einer einzigen Bezeichnung zusammengefaßt, Kulte des alten Griechenland, des Judentums und verschiedener Formen des Christentums fände. Staunen und Wut bei den Hindus also, als der Islam nur *ein* Buch und *eine* Wahrheit mitbrachte. Wie im Fall des Christentums, das in Indien keine tiefe Wurzeln schlug, haben seine Heiligen zum Teil das Fehlen der Götter wettmachen und so eine höhere Akzeptanz gewinnen können.

Gewiß nehmen alle Religionen, selbst die Buchreligionen, die zuvor bestehenden Glaubensrichtungen in sich auf, doch kein Christ hat sich je in einer Kathedrale vor dem nackten Körper einer Aphrodite verneigen können.

Was der Mensch aus dem Westen oder der Muslim am Hinduismus als Verwirrung wahrnimmt, ist diese Neigung des indischen Geistes, niemals irgend etwas auszurotten. Darin ist ein Beweis für Realitätssinn und der Urgrund einer ausgezeichneten seelischen Gesundheit zu sehen. Wenn das Leben die Gestalt eines Gottes erweckt, dann, weil dieser Gott notwendig ist. Damit die Sonne, der Wind, der Fluß, der *liṅgam*, die *yoni*, das Feuer, die Askese, der Tod, der Tanz, das Mitleid oder die Meditation hier ihre Wohnstatt finden!

Die Gebrauchsanweisung für Indien lautet: Das *Oder* durch ein *Und* ersetzen. »Bist du eine Frau oder eine Göttin?« fragt Odysseus angesichts der beunruhigenden Erscheinung der Aphrodite. Göttin *und* Frau, würde hier die Antwort lauten. Die Gegensätze, die es uns gestattet haben, unsere Sicht der Welt – Heilig-Profan, Gut-Böse, Körper-Seele, Polytheismus-Monotheismus, Mensch-Tier, etc. – zu ordnen, funktionieren in dieser Zivilisation nicht, die als einzige jene Herangehensweise an das Wirkliche bewahrt hat, welche im Schoß der Menschheit bis zum Tod des »Großen Pan« präsent war.

Das Vielfältige zu ehren impliziert keineswegs die Ablehnung von Ordnung. Im Gegenteil: Nur wenige philosophische Traditionen sind so sehr in Klassifikationen vernarrt gewesen wie die indische. Ihre Texte strotzen nur so vor endlosen Aufzählungen, die die Zustände, die Entwicklungsphasen und die Tendenzen mit einer Rigorosität ordnen, die nicht die unsere ist und die uns immer wieder verblüfft. Und man stellt fest, daß die Begegnung mit dem indischen Denken einen Kampf gegen einen Teil des eigenen Selbst voraussetzt.

Indien hat mit Chronologien nichts im Sinn. Im Gegensatz zu China oder Griechenland hat es seine Geschichte nicht protokolliert. Archäologie und Epigraphie beziehungsweise die Analyse der Mythen liefern zwar Anhaltspunkte, aber dem Historiker fehlen gesicherte Daten, vor allem in bezug auf die Invasion der Arier und die Art der Zivilisation, die ihr vorausgegangen ist, auf den Ursprung der Kasten, oder, in viel späterer Zeit, auf die Gründe für den allmählichen Rückzug des Buddhismus aus Indien. Hat uns Indien dadurch, daß es über zahlreiche Perioden seiner Geschichte einen Schleier gebreitet hat, eine Lektion in Sachen *māyā* erteilen wollen? Oder hat es uns damit helfen wollen, seinen zyklischen Zeitbegriff besser zu verstehen?

Nachfolgende Doppelseite: Fest für Gaṇeśa. Bombay.

Ökumenisches Plakat. Allahabad.
Rechte Seite: Asket und Polizisten. Benares.

मन्दिर

Eines steht fest: Indien hat wohl die Psyche des Menschen und die Natur realistisch eingeschätzt, sich aber nicht für die Entwicklung der historischen Zeit interessiert. Das heißt nicht, daß Indien die Wirklichkeit negiert, sondern nur, daß es sie anders hierarchisiert.

Vier Anmerkungen zur Geschichte (damit die Verwirrung nicht zu groß wird):

Indien ist erst durch Kolonisatoren vollständig vereinigt worden, zunächst von den Moguln, dann von den Briten. Der erste Versuch einer Vereinigung indischer Territorien geht auf die Mauryas zurück (325–185 v. Chr.), der zweite wurde von den Guptas unternommen (4.–8. Jahrhundert n. Chr.). In beiden Fällen ging es jedoch nur um einen Teil des heutigen Indien.

Als die Briten Indien von den Moguln eroberten, löste nur eine Kolonialherrschaft eine andere ab. Es gab allerdings zwei bemerkenswerte Unterschiede: Die Briten haben nicht versucht, Indien zu bekehren, und das Machtzentrum ist in London geblieben, und so war die Präsenz der Engländer nur vorübergehender Natur.

Nordindien und Südindien haben weder dieselbe Geschichte noch dieselbe soziale Organisation, auch wenn diese beiden Teile Indiens, deren Grenze fließend ist, derselben Zivilisation angehören.

Über Jahrhunderte war Indien die reichste Gegend der Welt.

Höre, o mein Bruder:
Der Ganges ist kein Wasser,
Ficus und Pippal sind keine Bäume,
Tulsi und Rudrākṣa sind keine Pflanzen,
Sondern Gottes schönste Glieder.

TUKĀRĀM, PSALMEN DES PILGERS, XLIII

Stoffwäsche. Ahmedabad.

Śiva-Opfer.
Rechte Seite: Meditierender Sādhu.

Baumstamm in Gestalt von Gaṇeśa.
Rechte Seite: Altar am Straßenrand. Kalkutta.
Vorhergehende Doppelseite: Prozession von Hindu-Gläubigen. Allahabad.

PARK

Lastenträger. Kalkutta.
Rechte Seite: Rast nach getaner Arbeit. Kalkutta.
Vorhergehende Doppelseite: Markt. Bombay.

Das Dorf

Früh am Morgen unterwegs zum Busbahnhof der Stadt, in der man sich gerade befindet. Staub, Rufe von Straßenhändlern, Gaukler, Schuhputzer, Gaffer, zudringliche Kühe, Stände mit Blumen, Vogeldreck und Früchten. Wenn es eine Stadt mit Touristenattraktionen ist, versuchen bereits die Straßenjungen, uns die Richtung zu weisen. Ist es kein Touristenort, verirren wir uns in dem Tohuwabohu der falschen Begleiter und der Fehlinformationen. Eine keineswegs unbefriedigende Situation, wenn die Entscheidung zufällig zustande kommt. Der so erkorene Autobus ist alt und befördert Passagiere, die mit großen Koffern oder mit Bündeln, vollgestopft mit getrockneten Kräutern, beladen sind. Ein paar Stunden lang müssen wir das Geholper in dem überfüllten Vehikel ertragen, bis wir in einem sehr bäuerlich wirkenden Weiler aussteigen. Nach einem Rundgang, der uns mit dem Wesen des Ortes vertraut machen soll, beauftragen wir einen Jungen, uns zwei Fahrräder zu besorgen. Hier kennt man die Schrullen und Spinnereien der Reisenden noch nicht und lehnt den Wunsch ab. Doch da in Indien das Wort *Nein* ebenso fließend ist wie das *Ja*, tauchen schließlich zwei Fahrräder auf, die sogar funktionstüchtig sind. Bei der Abfahrt bleibt uns nichts anderes übrig, als jede Aussage über unser Ziel energisch zu verweigern. Am Ortsende müssen wir, begleitet von einer zu allerlei Schabernack aufgelegten Kinderschar, die entschlossenste Miene aufsetzen und dann auf gut Glück in einen Feldweg einbiegen. Wenn das Schicksal es gut mit dem Radfahrer meint, tauchen gleich in sattem Grün funkelnde Reisfelder auf, dann ein Paar Ochsen, vor einen Pflug gespannt, der von einem Bauern mit schokoladenbraunem Oberkörper gehalten wird, und eine kleine Gruppe buntgekleideter Frauen, die mit einer offensichtlich tausend Jahre alten Bewegung Reisgarben ausschlagen. Sie begrüßen uns freudig. Wir tauschen Lächeln und Blicke aus, bevor wir mit sicherem Tritt weiterradeln. Wir kreuzen Pfade, die in eine nunmehr unberührt wirkende Landschaft münden. Nach Lust und Laune schlagen wir bald diesen, bald jenen Weg ein. Geben acht auf Steinchen, Wagenspuren, Agavenspitzen oder Ziegenherden, die natürlich von einem biblisch anmutenden Patriarchen geführt werden.

Gewiß landen wir in einem indischen Dorf, das genauso ist, wie die fast sechshunderttausend anderen. Es hat wohl zwischen dreihundert und fünfhundert Einwohner und liegt damit im Schnitt, und schon am Eingang sehen wir die Samariterin am Brunnen mit einem Krug auf dem Kopf. Freilich gleicht im Hinblick auf die Art der Bauten, die Aktivitäten und die Zahl der vorhandenen *jāti* kein Dorf dem anderen in diesem Land, das die Verschiedenartigkeit zum Lebensprinzip erhoben hat. Gleichwohl gibt es Konstanten. Darunter die Gewißheit, daß das Herz des Dorfes rund um den Tempel schlägt.

Wir setzen uns auf ein glühend heißes Mäuerchen und brauchen nicht lange zu warten. Die Kinder halten zunächst Abstand. Der Anblick von Fremden ist in diesem Dorf unbekannt. Mit kleinen Geschenken läßt sich das Eis schnell brechen. Die Kleinen drängen sich um uns, während die Frauen uns

 Vorhergehende Doppelseite: Geier. Uttar Pradesh.

noch von weitem anstarren und sich die Frage aller Fragen stellen: Verheißt unser Ankömmling Schlechtes oder Gutes? Eine vor die Statue des Gottes gelegte Opfergabe und ein (aufrichtiges) Gebet beantworten die Frage. Dann werden wir in ein Haus geführt, in dem man uns *cāy* serviert, Tee mit Milch, gewürzt mit Kardamom.

Es ist ein niedriges, mit Reisstroh bedecktes Lehmhaus, dessen Dach, vom Monsun weggerissen, klaglos jedes Jahr neu gebaut werden muß. Der Raum, in dem man uns empfängt, ist kühl und sauber. Auf dem bloßen Lehmboden ein Kocher und ein paar tausendmal blank geriebene Utensilien. Hinter einem geflickten Vorhang die beiden anderen Räume, der eine für die Männer, der andere für die Frauen, beide ebenfalls kahl. Die sanitären Einrichtungen befinden sich im Freien: Eine Wanne mit einem dünnen Rinnsal fauligen Wassers, und für eine gründlichere Waschung der Brunnen oder, besser, der Fluß: Die höheren *jāti* waschen sich flußaufwärts, die niederen flußabwärts. Die Latrinen hält Mutter Natur bereit. Die Sauberkeit variiert – je nach dem, ob es sich um gut gehaltene Privathäuser handelt, oder um öffentliche Gebäude und Anlagen, mit denen nachlässig umgegangen wird. Das gilt auch für die Wege im Dorf, die Straßen der Städte, die »*Indian Style*«-Hotels voller Müll, den von Zeit zu Zeit ausgemergelte arme Schlucker auf gekrümmtem Rücken wegtragen in einem Land, das weder Abfallkörbe noch Taschentücher kennt. Wenn wir uns in einem Bahnhof in Gesellschaft anderer Inder ausruhen, entdecken wir diesen Widerspruch: Körper und Kleider sind sauber, aber Latrinen und Wartesäle spotten jeder Beschreibung. Soll das heißen, daß die Inder weder Anblicke noch Gerüche so wahrnehmen wie wir? Zweifellos. Sie sehen nicht, daß der reizende Touristen-Bungalow zwischen den Palmen und dem Meer verschandelt wird durch den Unrat auf der Allee, die zum Strand hinunter führt. Ebensowenig wie wir sehen, daß es widerwärtig ist, unseren Schleim in einem Stück Stoff zu sammeln, oder erkennen, wie zweideutig Küsse sind, die unter dem Vorwand einer Begrüßung zwischen Männern und Frauen ausgetauscht werden. Jede Situation hat ihre Blinden. So können wir uns über die Promiskuität, in der diese siebenköpfige Familie lebt (zu der auch die Großmutter gehört) entsetzen, während ein Inder es nicht ertragen könnte, allein in einem Zimmer zu schlafen. Unangebracht auch unser Staunen über das Fehlen jeglicher Intimität zwischen Mann und Frau. Aber wo wird schon das Ritual durchgeführt, dem das Leben seine Perpetuierung verdankt? Man sei unbesorgt!

Jetzt, in diesem düsteren Raum, in dem niemand versucht, das Gespräch in Gang zu halten, da das Zusammensein genügt, muß man sich in Geduld üben, weil man sich auf die Suche nach einem jungen Mann begeben hat, der im Ruf steht, Englisch zu sprechen. Stilles Lächeln, ohne Scham. Trügerische Brüderlichkeit? Nur zum Teil. Das Bewußtsein, zu einer einzigen menschlichen Gemeinschaft zu gehören, ist aufrichtig – trotz der Kluft zwischen den Mentalitäten und den gesellschaftlichen Verhältnissen. Der Dolmetscher wird aber nur die Blicke vermehren. Und da ist er, der junge Mann, auf den wir gewartet haben! Er ist scheu, hat keine Schulbildung, und sein Englisch entpuppt sich als ein einziges Kauderwelsch. Aber es ist besser, einen Jungen dieser Art als Gesprächspartner zu haben, als einen verwestlichten Inder, der uns eine doppelt verfälschte Wirklichkeit Indiens präsentieren würde, einerseits, weil

Bäuerin. Gujarat.
Rechte Seite: Heimkehr von den Feldern. Kerala.

er den Wunsch hätte, bestimmte Aspekte, wie die Armut, die Kinderarbeit oder das Los der »Unberührbaren« zu verschleiern, und andererseits, weil er uns Vorurteile gegen den Polytheismus unterstellen würde, gegen die Tieropfer, die arrangierten Ehen, die Bedeutung der Astrologie etc. Wie auch immer sich die Naivität oder die Bosheit der Person äußern mag, die als Führer dient – es liegt auf der Hand, daß man dieses Dorf jahrelang beobachten müßte, bevor man es in seiner Komplexität verstünde. Und außerdem ist bekannt, daß allein schon der Blick das Objekt, das er betrachtet, verändert. Bestimmte Aspekte erschließen sich nur den Aufmerksamen und Intuitionsbegabten. So begreift man, daß die Dorfstruktur, äußerst strikten Regeln folgend, um die *jāti* herum aufgebaut ist, von denen jede eine bestimmte Rolle besitzt und für das Leben der Gemeinschaft unverzichtbar ist. Die Aufgaben von Männern und Frauen sind genau definiert. In keinem Augenblick braucht man sich zu fragen, wer was macht. Der Töpfer, der Abdecker, die Tochter des Brahmanen, die Schwiegertochter des Besitzers des Sorghumfeldes, der Hirte oder der Sohn des Latrinenreinigers – jeder hat seine seit Generationen feststehende Rolle, jeder wird innerhalb seiner eigenen *jāti* heiraten, die Knaben werden hier bleiben, die Mädchen werden zu ihren Schwiegereltern ziehen, die aus diesem Dorf stammen werden (welch ein Glück!) oder aus einem anderen, je nach den Chancen, Ehemänner derselben Herkunft zu finden, aber mit Sicherheit nicht aus einem Nachbardorf, das selbst in den Augen der hiesigen kleinen Gemeinschaft der »Unberührbaren« als unrein gilt. Hierarchien? Gewiß, aber sie funktionieren nicht nach unseren Kriterien, die auf Geld und weltlicher Macht beruhen. Sie gründen auf der Art der Tätigkeit und der »Reinheit«, die diese impliziert. Aus Gründen, die sehr weit in die Geschichte zurückreichen, aber wahrscheinlich aus nachvedischer Zeit stammen, gibt es eine Hierarchie der Funktionen – von Rein bis Unrein –, deren Berechtigung bis zur Gegenwart niemand in Frage gestellt hat. »Rein« ist es, sich mit Milch zu beschäftigen, »unrein« der Umgang mit Tierhäuten. Während die moderne Wirtschaft und Mentalität diesen Zustand in den Städten erschüttert hat, bewahren die Dörfer noch dieses Ganzheitssystem aus organisch miteinander verbundenen Gemeinschaften.

Die indische Gesellschaft bringt keine Ausgegrenzten hervor wie der moderne Westen, und sie versteht es, auch am unteren Ende der Skala Menschen einzuordnen, die durchaus integriert sind.

Nach ein bißchen Smalltalk und einem ersten Besuch in dem Bezirk rund um den Tempel werden wir in ein anderes Haus eingeladen. Dort erwarten uns schon die fröhlichen Kinder. Ein Massivbau, in unseren Augen von schlechterem Geschmack zeugend, mit einer Fassade in den Farbtönen Erdbeere und Pistazie, mit überladenem Dekor und, im Gemeinschaftsraum, einem Kanapee, das für den Fortschritt steht. Der Eigentümer ist ein Bauer, der mehr Land besitzt als die anderen und das Verteilungssystem unter Kontrolle hat. Noch einmal Tee, immer noch wenige Worte.

Ein weiterer Rundgang – dieses Mal durch den Bezirk der Korbmacher, dann Besichtigung einiger Häuser, in denen man so lange Töpferwaren herstellen wird, bis das aus den Städten kommende Plastik dieser tausendjährigen Kunst endgültig die Luft abdrückt. Eine Kunst, die dank ihres Kontakts mit dem

Feuer ans Heilige rührt. Hier sitzen Schneider mit alten Singer-Nähmaschinen aus dem Land der Eroberer, dort Mütter, die, von Fliegen umschwirrt, ihre Säuglinge stillen, und auf den Stufen Frauen, die das Getreide auslesen. Hinter einem Stall, im unteren Teil des Dorfes, baufällige Häuser. »Ist das der Wohnbezirk der *harijān*?« fragen wir den jungen Mann, der sich niemals so wichtig vorgekommen ist. *Harijān*, »Kinder Gottes«, ist der Name, den Gandhi 1929 jenen gegeben hat, die wir als »Unberührbare« bezeichnen. Als Angehörige der untersten *jāti* sind sie zu unreinen Aufgaben verurteilt. »Ja«, antwortet unser Führer ohne jegliche Scham, denn für ihn spiegelt sich in den *jāti* eine natürliche Ordnung wider. Bei uns geniert sich auch niemand zu sagen, da und da gebe es eine Blindenschule. Die armen Bewohner mit der dunkleren Haut beobachten uns beunruhigt; ihr Staunen erreicht seinen Gipfel, als wir ihnen unter den mißbilligenden Blicken derer, die uns begleiten und für die unsere Geste unverständlich ist, kleine Geschenke hinstrecken. Hier ist das Heiligtum, in dem die *harijān* eine Gottheit verehren, die ihnen gehört, hier ihre Brunnen, aus denen nur sie sich bedienen, und hier die Müllkippe, auf der ihre Kinder spielen. Ein Kind herausgreifen, ihm über die Wange aus heiliger Haut streicheln, sich vor der Schamlosigkeit eines folgenloses Ergusses abwenden und fortgehen.

Ein Vergleich, der aus der Überlieferung stammt: Die »Unberührbaren« gehören in gleicher Weise zur menschlichen Gemeinschaft wie einige weniger edle Teile unseres Körpers, die aber ebenso zu unserem Organismus gehören wie der Mund. Den Brahmanen die Rezitation der heiligen Texte, den »Unberührbaren« die Latrinen – jeder ist für den anderen unentbehrlich.

Nichts kann diesen Zustand rechtfertigen, der sich glücklicherweise in einer Phase der Evolution befindet. Wenige Gesellschaften haben seit drei Generationen so viele Anstrengungen zugunsten der am meisten Benachteiligten unternommen. Als erster Gandhi, der eine der höchsten Tugenden Indiens verkörperte – das allumfassende Mitgefühl. Nach Erlangung der Unabhängigkeit haben die Regierungen bekräftigt, daß sie die Kasten abschaffen wollten, ein frommes Gelübde in diesem Land, das nach wie vor an dieses System der Solidarität gebunden ist. Doch es führte immerhin in der Verwaltung und an den Universitäten Quoten zugunsten der »Unberührbaren« ein und ermöglichte so einigen Mitgliedern dieser Gruppen den Aufstieg und eröffnete anderen die Chance, sich nicht hoffnungslos vom Schicksal erdrückt zu fühlen. 1997 ist sogar ein »Unberührbarer« mit symbolischem Titel Präsident der Republik geworden.

Die »Unberührbaren« machen zweiundzwanzig Prozent der Bevölkerung der Indischen Union aus, von denen fünfzehn Prozent aus den untersten *jāti* (»scheduled castes«) und sieben Prozent Stämmen angehören, die nicht in das Hindu-System integriert sind (»scheduled tribes«) und noch abgesondert leben, oft in entlegenen Gebieten Zentralindiens oder in Orissa.

Die moderne westliche Einstellung kollidiert mit dem Kastenwesen, das fälschlicherweise mit einer auf Geld oder Rasse beruhenden Hierarchie in Zusammenhang gebracht wird. Es gibt aber durchaus arme Brahmanen, und es gibt auch dunkelhäutige Brahmanen. In der Tat ist das Phänomen derart komplex, daß man unsere Kriterien von vornherein vergessen und jede einfache Erklärung zurückweisen muß, auch wenn die »Reinheit« durch ihre Beziehung zum Heiligen offenkundig eine entscheidende

Nachfolgende Doppelseite: Dorf im Dekkan.

Rückkehr vom Brunnen.
Linke Seite: Pfeifenraucher. Rajasthan.

Häusliche Szene im Dorf. Rajasthan.
Rechte Seite: Frau beim Getreideworfeln. Tamil Nadu.

Rolle spielt. Traditionell gibt es vier *varṇa*: Brahmanen (diejenigen, die Zugang zum Wissen haben und sich dem Heiligen nähern dürfen), *kṣatriya* (Krieger und politisch Verantwortliche), *vaiśya* (Kaufleute und Bauern), *śudra* (als Diener der drei ersten Kasten gelten sie nicht als *dvija* oder »Zweimalgeborene«), gefolgt von den *pañchama* (»fünftes Glied«), den »Unberührbaren«. Die Kategorien spiegeln nicht die Wirklichkeit wider, die sich auf die *jāti* (»Geburten«) gründet, deren Zahl wohl dreitausend oder mehr beträgt und die noch heute die Grundlage der Sozialorganisation Indiens bilden. Ehen werden in ihrer übergroßen Mehrheit innerhalb der *jāti* geschlossen, in die man hineingeboren wurde.

Westliche Studien über die Kasten widersprechen sich in vielerlei Hinsicht. Dafür gibt es mehrere Gründe. Auch die Texte der Überlieferung geben, je nach der Epoche ihrer Entstehung, unterschiedliche Antworten, was beweist, daß dieses Prinzip wie alle Elemente der indischen Kultur einem ständigen Wandel unterworfen war. Andererseits zeitigt das Studium im Land selbst, das Zeit und Feingefühl erfordert, Ergebnisse, die von einer Region zur anderen variieren. Der glühende Wunsch, Konstanten zu finden, die ebenso gültig sind wie die zeitlichen und regionalen, sieht sich aber immer wieder mit dieser außergewöhnlichen Anhäufung von Besonderheiten konfrontiert, die Indien ausmacht. Damit wir es nicht den Blinden vor dem Elefanten gleichtun, halten wir nur ein paar einfache Dinge fest.

Die indische Gesellschaft ist bis heute stark hierarchisiert nach einem Wertemaßstab, der keiner unserer Kategorien entspricht. Bei diesen Kriterien handelt es sich um eine uns in diesem Sinne nicht bekannte »Reinheit«, die es erlaubt, sich durch die Befolgung strikter Regeln in bezug auf Ernährung und Sitten, dem Herrschaftsbereich der Götter bis zur Quelle des Lebens anzunähern. Der Determinismus, der dafür sorgt, daß man als Brahmane oder als Śudra zur Welt kommt, ist nicht nur auf ein einziges Leben beschränkt. Doch jeder kann sein Karma in der Hoffnung verbessern, in einer reineren *jāti* wiedergeboren zu werden und sich, von einem Leben zum nächsten, der Erlösung zu nähern. Lauter Fallen, aufgestellt mit dem Ziel, die sozialen Ungleichheiten aufrechtzuerhalten, denkt der westliche Materialist. Doch so einfach ist es nicht. Die Zwänge im Leben eines Brahmanen sind wahrhaft bedrückend.

Diese Einteilung in endogame Gemeinschaften mag der egalisierenden und uniformierenden Mentalität des modernen Westens schockierend erscheinen, doch sie besitzt beachtliche Vorteile, weil sie eine Solidarität gegenüber den Kranken, den Alten, den Witwen oder den Waisen gewährt, um die sich sonst keine andere Organisation kümmern würde. Wenn das Gleichheitsprinzip im Widerspruch zur Realität einer lebendigen Gemeinschaft steht, darf man sich nicht für die Abstraktion entscheiden.

Wie Äsop zufolge die Sprachen, so sind auch die Brahmanen Gegenstand von Bewunderung und Mißbilligung. Im Rahmen einer Kultur, in der über die Jahrhunderte die mündliche Überlieferung von vorrangiger Bedeutung war, haben sie für die Bewahrung des Wissens gesorgt. Doch bekanntlich verleitet jede beherrschende Stellung zum Mißbrauch. Die Brahmanen, die keine Heiligen sind, finden ihre Privilegien natürlich angenehm. Sie hegen und verteidigen sie. Sie würden sie aber trotzdem nie dahingehend mißbrauchen, eine politische Rolle anzustreben, denn diese Funktion ist von Anfang an ja den *kṣatriya* übertragen worden.

Das System der *jāti* ist weder ein exportierbares Modell noch eines, das zur modernen Wirtschaft und der sich abzeichnenden Urbanisierung paßt. Doch es hat dem indischen Geist ermöglicht, zwei Kolonisierungen zu überdauern und heute ein solides Bollwerk zu bilden gegen das in unmittelbarer Nachbarschaft Indiens vorherrschende Modell blutrünstiger Diktaturen, die stets alle Unterschiede einebnen.

Es bleibt eine Tatsache, daß die Existenz jener *jāti*, die für unrein erklärt wurden, für das universale Gewissen unerträglich sein muß, ob es sich nun an den Ufern des Potomac oder denen des Ganges herausgebildet hat. Dieses Gewissen hat sich in Indien oft gerührt. Vom Buddha bis zu Gandhi und Doktor Ambedkar über Kabīr, Guru Nānak oder Tukārām, nicht zu vergessen die Namenlosen, durchzieht eine mächtige Strömung das Land mit dem Willen, den »Unberührbaren« jene Zeichen der menschlichen Würde zurückzugeben, die ein pervertiertes System ihnen verweigert.

Inzwischen ist es in dem Dorf, in dem wir durch Zufall gelandet sind, Abend geworden. Wir haben uns die Sorghumfelder und die Terrassen angesehen, wo jene Gewürzpflanzen angebaut werden, die das Besondere der indischen Küche ausmachen: Kardamom, Basilikum, Knoblauch, Pfeffer, Ingwer, Zimt, Safran, Gewürznelken und die unentbehrlichen Chillies, von denen im Übermaß Gebrauch gemacht wird, denn es gibt eine Tradition der indischen Küche, die gewürzt ist, ohne scharf zu sein. Die Frauen, die das Abendessen zubereiten, verhalten sich angesichts der Gewürze wie der Maler mit seinen Farben. Es geht ihnen darum, die Gewürze so miteinander zu mischen, daß sie harmonieren. Aber Neuerungen sind selten.

Innerhalb weniger Minuten taucht die untergehende Sonne die Strohdächer in eine rote Glut. Dann schlägt das Rot in Orange um, das einen neuen Farbstrich auf den Himmel zaubert, bevor sich das Grau herabsenkt. Während wir ergriffen und dankbar schauen, hat sich um uns herum eine Diskussion entsponnen. Man will in Erfahrung bringen, wer uns über Nacht beherbergen wird. Es wird eines der Mitglieder des *pañcāyat* sein, der gerade von den Feldern zurückkehrt, ein wortkarger, lebhaft wirkender Mann von ungefähr fünfzig Jahren. Wieder empfängt man uns in einem neueren Gebäude, das ihrer Meinung nach unserem Geschmack entspricht, keineswegs aber unserer Vorliebe für strohgedeckte Häuser, wie man sie auf den Fresken von Ajanta findet. Der *pañcāyat* (»fünf Weise«) ist ein Dorfrat, dessen Vorstand im Prinzip aus jeweils fünf Mitgliedern besteht. Das Auswahlverfahren – über Ernennung oder Wahl – unterscheidet sich von einer Region zur anderen. Der aus einer langen Praxis direkter Demokratie hervorgegangene *pañcāyat* entscheidet über die verschiedensten Angelegenheiten des Dorflebens, angefangen bei der Nutzung der Brunnen bis zu schwerwiegenden Auseinandersetzungen (Diebstahl, Vergewaltigungen, Raufereien . . .) unter den Dorfbewohnern. Das Mitglied, das uns empfängt, antwortet nicht auf die Fragen, die wir ihm zur regelmäßigen Abhaltung von Versammlungen und die letzten Fälle, über die verhandelt wurde, stellen. Würde er einräumen, daß ein Zeuge wenig wert ist? Bestimmte Fragen in bezug auf die Sitten oder die Gewalttätigkeiten gegenüber kinderlosen Frauen werden vor Fremden nicht angesprochen. Der Mann wiederholt mehrmals das Wort Demokratie, auch wenn

Nachfolgende Doppelseite: Augenblick der Muße. Maharashtra.

निशान पर
लगाकर

Gaststätte. Karnataka.

wir erfahren haben, daß in diesem Dorf die Mitglieder berufen werden, ohne daß ihre Legitimität je bestritten worden wäre. Man stellt uns andere Mitglieder vor (keine Frau, obwohl sie üblicherweise Zugang zu diesem Amt haben) – Bauern, denen die Zufriedenheit mit ihrem Status ins Gesicht geschrieben ist.

Während des frugalen Abendessens bedient uns die Ehefrau unseres Gastgebers, der die Schwiegertochter mit kindlicher Neugierde assistiert. Nach dem Mahl ein Spaziergang durch das Dorf im Schein einer Mondsichel. Hier und da sitzen Männer und rauchen Zigaretten oder Bidis. Große Ruhe. Man glaubt, durch eine Dorfszene zu gehen, deren Figuren durch einen unsichtbaren Faden sanft bewegt werden. Jeder – Mann, Frau und Kind – hält einen Platz besetzt, den der Brauch ihm zugewiesen hat. Ein dichtes Gewebe. Nach den Maßstäben des modernen Lebens bedeutet das Entfremdung, doch für diejenigen, die hier leben, Harmonie. Aber wie zart ist dieses Gespinst! Ein Fernsehgerät wird genügen, um den Neid zu wecken. Nachdem sie geredet und geraucht haben, die Männer mit langsamen Gesten, die Frauen seltener, strecken sie sich im Freien auf den Betten aus, deren Rahmen aus Holz und die Liegefläche aus breiten geflochtenen Bändern besteht. Das Himmelsgewölbe hält Wache.

Zurück zu unserem Gastgeber. Zwei Betten mit sauberen Laken erwarten uns in demselben Raum, in dem wir zu Abend gegessen haben. Wenn die letzten Geräusche im Dorf verstummt sind und die Häuser in einen Schleier gehüllt zu sein scheinen, müßte man alleine hinausgehen, um eine Antwort auf folgende Frage zu finden: Welcher Hauch unterscheidet dieses Dorf hier von den Dörfern in anderen Entwicklungsländern? Während man mit weit geöffneten Lungen auf dem Boden liegt, kann man die Antwort hören:

Seit mehr als viertausend Jahren
Empfange ich,
bleibe ich.

»Die Weisheitslehrer leben nackt, im Winter unter freiem Himmel in der Sonne, dagegen im Sommer, wenn die Sonne strahlt, auf den Wiesen und in den Sümpfen unter großen Bäumen, von deren Schatten Nearchos sagt, daß er sich auf fünf Plethren im Kreise erstrecke, und daß unter einem einzigen Baum 10 000 Menschen im Schatten ruhen könnten. […]

Jemanden aus einer anderen Kaste zu heiraten, ist nicht erlaubt; wie zum Beispiel die Bauern niemanden aus dem Handwerkerstand heiraten dürfen oder umgekehrt die Handwerker jemanden aus dem Bauernstand. Auch darf nicht ein und derselbe zwei Handwerke betreiben oder seine Kaste mit einer anderen vertauschen; es kann also kein Bauer aus einem Hirten oder ein Hirt aus einem Handwerker werden. Nur eins ist ihnen erlaubt: aus jeder Kaste kann man Lehrer der Weisheit werden, weil die Weisheitslehrer keine leichten Aufgaben haben, sondern von allen die schwierigste.«

Arrian (2. Jahrhundert n. Chr.),
Alexanders des Grossen Siegeszug ...,

»Ich habe Leute, die in anderer Beziehung durchaus verständig, aber ansonsten voll von den Vorurteilen waren, die sie aus Europa mitgebracht hatten, meiner Meinung nach ganz und gar irrige Urteile in Sachen Kastenwesen bei den Indern äußern hören. Ihrer Ansicht nach ist die Kaste nicht nur nutzlos für das Gemeinwesen, sondern sogar lächerlich und darauf berechnet, Schwierigkeiten und Unordnung ins Volk zu tragen. Ich für meinen Teil habe, indem ich lange Jahre auf freundlichem Fuß mit den Hindus stand, ihr Leben und ihren Charakter aus der Nähe studieren können und bin zu einem durchaus entgegengesetzten Urteil hinsichtlich der Kasten gekommen. Ich glaube, die Kasteneinteilung ist in vieler Hinsicht das chef d'œuvre, das glücklichste Resultat der Hindu-Gesetzgebung. Ich bin der Überzeugung, daß nur dank der Einteilung in Kasten Indien nicht in einen Zustand der Barberei gefallen ist und daß sie nur dadurch die Wisschenschaften und Künste der Zivilisation bewahren und weiterentwickeln konnte, während die meisten anderen Völker der Erde in einem Zustand der Barbarei verharrten. Ich halte die Kaste nicht für frei von manchen großen Nachteilen, aber ich glaube, daß die aus ihr hervorgehenden Vorteile bei einer Nation wie den Indern die Nachteile bei weitem überwiegen.

Abbé Jean-Antoine Dubois (in Indien von 1792 bis 1820),
Leben und Riten der Inder.

Die »Kinder Gottes«

Es war in Madhya Pradesh, dem »Land der Mitte«. Besuch des Stupa von Sanchi, dieses einer weiblichen Brust gleichenden Steinbaus, der an das Nirvāṇa des Buddha erinnert, ein Edelstein, gefaßt von Balustraden und Portiken, und bedeckt mit Skulpturen; sie rufen Szenen aus dem Leben des Meisters ins Gedächtnis, der nicht in menschlicher Gestalt, sondern als Symbol dargestellt wird: als Baum, Fuß, Rad ... Darüber, abflugbereit, lüsterne Apsaras, himmlische Nymphen, »dem Wasser entstiegen«. In der Ebene, die sich rund um den Stupa erstreckt, eine in dieser Jahreszeit von der Sonne versengte Landschaft und in der Ferne Hügel. Ein Fahrradverleih. Praktische Anwendung des Sich-dem-Zufall-

Nachfolgende Doppelseite: Blühende Krokusfelder. Kaschmir.

Chillie-Ernte. Rajasthan.
Rechte Seite: Zwei Frauen aus dem Dorf. Rajasthan.

Überlassens. Hier entlang, der Staubwolke einer verwüstenden Ziegenherde entgegen, dort entlang, hinunter zu einem ausgetrockneten Fluß, wo Schlammpfützen uns erlauben, die Materie zu bewundern, aus der wir geformt wurden. Den jungen Mann, dessen Motorradlärm die Stille zerreißt, frage ich, wo sich das Dorf der *harijān* befindet. Er tut, als verstehe er mich nicht. Ich hake nach. Lässig zeigt er nach Süden. »Weit?« Ein geringschätziger Blick auf mein Fahrzeug. »Zehn Minuten«, sagt er, bevor er weiterknattert.

Gandhipuram umfaßt ungefähr fünfzig Häuser, davon einige Neubauten. Es ist ein Dorf von »Unberührbaren«, wie es viele gibt. Dieses ist, wie sein Name sagt, komplett von der Verwaltung geschaffen worden. Wie bringt man den erstaunten und fröhlichen Kindern, die mich umringen, bei, daß ich nicht als Voyeur gekommen bin? Ich hole einen Photoapparat von der Art hervor, die das Festgehaltene sofort entwickeln. Ein Junge knipst. Ein anderer tritt an seine Stelle, um den ersten zusammen mit allen Kindern des Dorfes aufzunehmen. Während die Photos surrend aus der Kamera rollen, wird hin und her geschrien. Auf den Bildern sind die Knaben und Mädchen mit strahlenden Augen abgebildet; sie ähneln jenen Millionen von Knaben und Mädchen, die sich noch im Alter des Lächelns befinden, das dem des Bewußtwerdens der Ungleichheiten vorangeht. Respektvoll umringen sie den Fremden, einen, wie sie ihn noch nie gesehen haben, der in ihr Dorf gekommen ist aus Gründen, die ihnen nicht bekannt sind, ihnen aber Mut einflößt. Ein Photo wird geknipst, nachdem er sich in den Vierfüßlerstand begeben hat und ein Schwein nachahmt, und zwar auf recht plausible Art und Weise, auch wenn sie, von einem Vertreter der Mächtigen dieser Erde vorgeführt, unverständlich bleibt. Ich halte den Zopf eines Mädchens im roten Kleid, das zur Schönheit seiner dunklen Haut paßt und dessen unsicheres Lächeln den Pinselstrich eines genialen Malers verrät. Damit es nicht zu feierlich wird, ziehe ich an dem Zopf.

Als ich Gandhipuram verlasse, spricht mich ein schmächtiger Mann in geflickten Kleidern an und erklärt, er sei der Dorflehrer. Ohne selbst einer *jāti* von Unberührbaren anzugehören, hat er sich entschieden, sein Leben zu opfern, um diesen Kindern die Möglichkeit zu eröffnen, sich aus ihren Lebensverhältnissen herauszuziehen. Man vermeint, einem europäischen Volksschullehrer aus dem 19. Jahrhundert gegenüberzustehen. Er fühlt sich durch meinen Besuch geschmeichelt und möchte mir gefallen. Er fragt mich nach meinen Vorlieben. »Staunen«, sage ich zu ihm. Mein Wunsch stößt auf Unverständnis. Das Staunen, das immer eine Distanz voraussetzt, ist keine Stärke Indiens, das ja alles in sich vereinigt hat. Er räuspert sich, spuckt aus und schlägt mir vor, ihn am nächsten Tag aufzusuchen, um einer »ganz besonderen Zeremonie« beizuwohnen, welche die Bewohner von Gandhipuram durchführen, um das Land fruchtbar zu machen. Die Zeit des Wartens wird mit ländlichen Spaziergängen gefüllt: Hirse, Linsen, Weizenfelder und Weiden mit dürren Ziegen. Am Abend kehre ich nach Gandhipuram zurück, betrete es dieses Mal von der anderen Seite und gehe in Richtung Westen. Eine Straße, gesäumt von rotblühenden Bäumen, führt zu einer Tempelruine, die die Vegetation sich zurückerobert hat. Hier und da weisen Steinhaufen auf alte Behausungen hin, denen grob gehauene Arkaden eine dissonante Note hinzufügen. Nach geduldiger Suche und einigem Herumkriechen zwischen dornigen Büschen und Steinen finde ich seitlich eines Pavillons ein Versteck, das mir zusagt. Es liegt nahe, daß die Kinder, die heute abend auf der zum Dorfeingang führenden Straße spielen, zusammen mit den Ruinen, die im Laub versinken, eine Harmonie bilden, mit der ich mich gern zufriedengeben möchte. Auf dem Bauch liegend, halte ich mit Genuß den Apparat, der seinerseits die Zeit festhält. Wie einfach das erscheint. Man braucht nur noch zu klicken! Doch jetzt werfen sich die beiden Kinder einen Ball zu und tanzen aus meinem Bild heraus, und schon wird eine Herde von träge nach Hause ziehenden Kühen verpatzt durch die Präsenz eines Burschen auf einem Motorrad, der eine gräßliche Schirmmütze trägt. Dann pflanzt sich eine Ziege vor meinem Objektiv auf. Und gleich darauf, als auf der Straße ein Greis mit langem Bart und seinem Stab durch die Lichtmuster schreitet, wirbelt ein Lastwagen teuflischen Staub auf. Und nun, nachdem sich der Staub wieder gelegt hat und die Stille erneute Harmonie verkündet – keine leichtfüßigen Kinder mehr, keine Greise, keine Kühe! Schließlich taucht, während das Licht sich noch als gnädig erweist, eine Frau auf, die auf dem Kopf einen Eimer voller Wäsche trägt und sich mit einem nackten, mit drei Reifen geschmückten Arm gegen die Säule des Pavillons lehnt, leicht wie eine Statuette aus Mohenjo-Daro. Während zweier Sekunden nutze ich den Anblick aus, rücke mich zurecht, hebe den Finger und ... ohne ersichtlichen Grund wechselt die Frau die Haltung und nimmt, vom Gebüsch verdeckt, ihren Marsch wieder auf. Ach, du widerstrebende Wirklichkeit! Der Sonne gelingt es nicht, ihre Farben weiter zu steigern, und die letzten Lichtausläufer vermischen sich mit den Schatten. Man begreift, warum es beim Schöpfungsprozeß zu so vielen Fehlleistungen kommt.

Diese Lektion genügt. Ich verlasse mein Versteck und photographiere nur noch mit den Augen einen Lichtreflex auf einem Tümpel, die grauen und weißen Rauchkringel über einem Haus, in dem das Abendessen gekocht wird, einen Sari, der trocknet, eine Frau, die, auf der Schwelle ihrer Haustür sitzend, Erbsen enthülst und drei Verstecken spielende Kinder. Ich versuche, all diese Bilder zu einem einzigen zusammenzufügen. Wer ist dieser Narr? So fragen sich wohl die Bewohner des westlichen Teils von Gandhipuram.

Am nächsten Morgen treffe ich den Lehrer vor dem anderen Eingang des Dorfes. Ich folge ihm auf einem Weg, der in Richtung Ebene führt. Die Männer aus dem Dorf haben einen Kreis gebildet um eine häßliche Statue, die bezirzt werden soll – und die Göttin des Regens darstellt. Natürlich, wir erinnern uns, daß seit uralten Zeiten die Gottheit, ähnlich wie bei uns, Blut liebt.

Der Kreis öffnet sich, um eine Ziege durchzulassen, die weder neugierig noch unruhig, sondern fügsam ist. Man wirft ihr einige Handvoll Gras zu, das sie gierig verschlingt. Daß ihr das Fell zittert, ist nur ein Zeichen, daß das Leben noch in ihr pulsiert. Ein Mann tritt an sie heran, streut ein rotes Pulver auf ihren Nacken, dann hebt er, ohne ersichtliche Freude, aber auch ohne Haß, ein großes Messer, das er versteckt gehalten hatte. Mit einer ausladenden Bewegung läßt er es niedersausen.

Eine Verblüffung erfaßt den Körper der Ziege, die sofort losläuft, dann abrupt stehenbleibt, mühsam das Gleichgewicht sucht, noch ein paar ungeschickte Schritte macht, während ein Teil von ihr schon einknickt. Dieser Zustand, dem sie immer entflohen ist, ohne zu wissen, warum, verwirrt sie. Jetzt kennt sie den Grund. Sie taumelt und bricht dann einige Meter vom Ort der Erkenntnis entfernt zusammen.

Dorfbewohnerinnen auf dem Jahrmarkt. Rajasthan.
Nachfolgende Doppelseite: Kamelmarkt. Pushkar, Rajasthan.

Kamelmarktbesucher am Lagerfeuer. Pushkar, Rajasthan.
Rechte Seite: Porträt eines Bauern. Rajasthan.

Pilgerinnen.

Aus ihrem Hals ergießt sich ein scharlachroter Blutschwall. Der abgetrennte Kopf ist zur anderen Seite gerollt. Die Augen starren noch immer verdutzt, weil es ihr dieses eine Mal nicht gelungen ist, den Tod zu überlisten.

Ob die Henne gegen die gezückte Klinge mehr aufbegehrt als die Ziege, das läßt sich nicht sagen, doch ihre Aufregung vor der Handlung erweist als nutzlos. Gewiß, bei diesen ulkigen ruckartigen Bewegungen dieses Tieres handelt es sich um ein programmiertes Verhalten. Doch mit Bedauern erinnert man sich der Würde der Ziege. Vielleicht weiß die Henne nichts über das, was heilig ist? Sie reagiert einfach gereizt, weil sie in ihrer Gewohnheit, in der Gegend herumzupicken, gestört wurde. Sobald der Mann mit der Stahlklinge sich ihr nähert, setzt sie sich mit dem Schnabel, mit den Flügeln und mit lautem Gegacker zur Wehr. Wo bleibt meine Freiheit, so herumzupicken, wie mir es paßt? Wie soll man ihr beibringen, daß es hier um etwas ganz anderes geht?

Als das Messer auf ihren Hals herabfährt, wird sie von einer seltsamen Wut gepackt. Sie rennt davon, versucht ihre Flügel zu spannen, als wolle sie – wie letztlich wir alle es tun würden – eine unumkehrbare Tatsache ungeschehen machen. Sie schüttelt ihren blutenden Hals, während ihr letzter Flugversuch mit einem elenden Absturz endet. Sie zittert noch leise, während aus ihrem Hals ein Blutstrahl spritzt. Auf dem Boden vermischt sich ihr Blut mit dem der Ziege, die sich nicht mehr regt. Kleine Insekten laben sich bereits an diesem roten Manna.

Aufmerksam und schweigend verfolgt die Versammlung, wie die geopferten Tiere so lange im Gleichklang stöhnen – warum? –, bis das noch in ihnen vibrierende Leben nach einem letzten Aufbäumen erlischt.

Wortlos entferne ich mich, dieses Mal völlig außerstande, die Bilder, die in mir kämpfen, miteinander in Einklang zu bringen.

Auch das ist Indien.

Bauernfamilie. Rajasthan.

Intermezzo

Stellen wir uns einmal die Welt ohne Indien vor. Wir könnten genauso leben, denken, lieben, gehen . . ., aber einige Teile unseres Bewußtseins wären niemals geweckt worden, und wir hätten gewiß weniger Gründe, uns unseres irdischen Daseins zu freuen.

Ohne Indien gäbe es die natürliche und übernatürliche Gestalt des meditierenden Buddha, den Gipfel des Menschseins, nicht.

Keinen tanzenden Gott im Flammenring, der Welten erschafft und zerstört, um sie erneut zu erschaffen, und gelegentlich mit seiner *śakti* verschmilzt.

Welche andere Kultur als Indien hätte den nackten Asketen zum Vorbild erhoben, dem ab einem bestimmten Alter eigentlich jeder folgen sollte? Gäbe es die Musik des *rāga*, die die Götter herabholt und die Nymphen des Totenreichs anlockt?

Zwei Körper vereint in sinnlichem Genuß, zwei Körper auf dem Weg zur geistigen Verwirklichung. Schrei des Verlassens, Gebet. Zu zweit von neuem mit der göttlichen Schöpfung beginnen. Alchemie, wie sie Indien eigen ist.

Und das Yoga? Und die heiligen Tänze, die Vibration der *vīṇā*, die Vollmondfeste? Die ayurvedische Medizin? Das *kalarippayat*? Die Mythen, die Tempel am Meeresufer, die Moscheen, die vergessenen Paläste, die Tiger, die keine Heiligen fressen, die Heiligen, die Guajaven essen?

Und stellen wir uns jetzt einmal vor, es gäbe nichts außer Indien. Die Versammlung der Götter wäre komplett, die der Gesichter ebenso. Der Gedanke hätte alle Möglichkeiten ausgelotet. Doch ein Manko gäbe es, das eben den Genius Europas ausmacht: Das menschliche Maß als Urmaß der Schöpfung.

Im Busbahnhof ein kleines Mädchen mit einem Pflock in der Zunge – Vorwand für seine Eltern, in den Genuß von Wohltaten zu kommen. Es ist gezwungen, den Mund ständig offen zu halten. Wie sehr begreift man plötzlich den Abscheu, den die Schöngeister des 18. Jahrhunderts gegenüber den Religionen empfanden! Dennoch – erinnern wir uns an die Geschichte mit den Blinden und dem Elefanten.

Auf dem hohen Turm (*gopuram*), der als Tempeltor dient,
reinigt ein Mann die bemalten Götterstatuen.
Niemand schenkt ihm Beachtung.
Einer mehr, einer weniger …

Eine Wirklichkeit ohne das Imaginäre ist eine verstümmelte Wirklichkeit.

Indien möge uns wenigstens dieses eine lehren: Solange die Welt nicht wieder verzaubert wird, wird die Zahl der Neurosen zunehmen.

Von allen Religionen räumt der Hinduismus dem Verlangen, der Vielfalt des Lebenden, dem Tanz und dem Eros den höchsten Stellenwert ein.

In der Bhagavad-Gītā wendet sich Kṛṣṇa (die Inkarnation Viṣṇus) an Arjuna, der gegen seine Vettern kämpfen muß:

Wen nie ein Leid erschüttern kann,
Kein Freudentaumel überwand,
Wer frei von Gier, von Furcht und Zorn,
Ein »Schweigender« wird der genannt.

und weiter:

Wer jeglicher Begier entsagt,
Von Selbstsucht und Verlangen rein
Auf dieser Erde wandelt, geht
Zu ruhevollem Frieden ein.

II, 56 und 71, dt. Übers. R. Boxberger

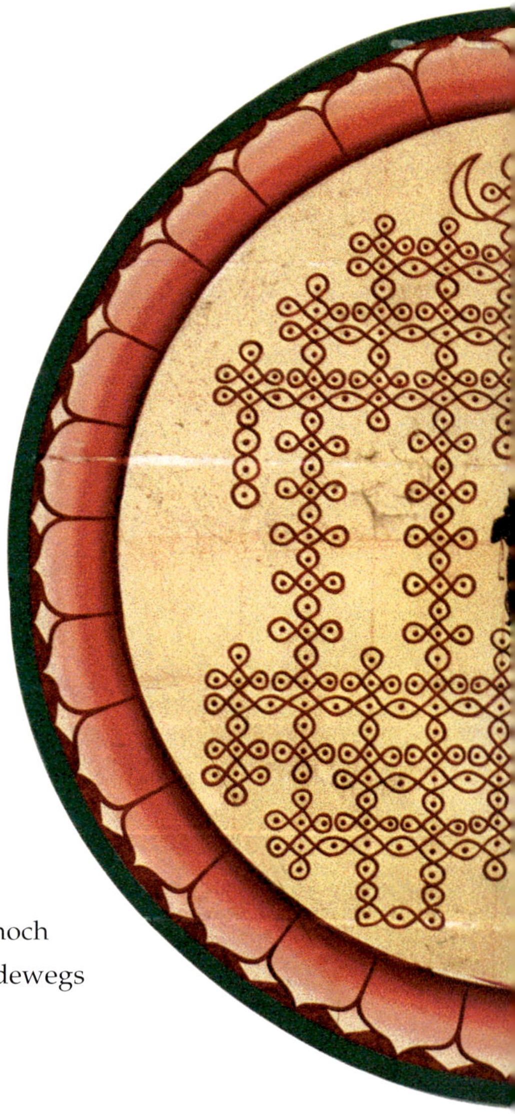

Im Gegenteil, Gleichgültigkeit oder vergöttlichter Eros?
Kein Widerspruch für die Inder, sondern zweierlei Wege.

Einer Religion ohne Symbole – wie der unseren heute – bleiben nur noch die Moral oder die Dogmen, an die sie sich klammert, und so rennt sie geradewegs in ihr Verderben.

Indien (und ein großer, vom Buddhismus geprägter Teil Asiens) denkt das Unbeständige. Der Westen dagegen ist immer von der Idee des Fixpunkts besessen gewesen. Glauben, daß es etwas Dauerhaftes gibt, ist ein bequemes Bett, aber eines voller Dornen. Jede Niederlage (vor allem der Tod) löst die Revolte aus. Hier jedoch tritt eine heitere Gleichgültigkeit an die Stelle der Angst vor dem Verlust, denn der Akt des Besitzens vollzieht sich nur in Spiralen. Die Trauer wird leichter, wenn das »Wirkliche« nur ein ephemeres Spiel ist.

Die *māyā* und das *saṃsāra*, die unser Leben beherrschen, haben keinen Zugriff auf das *brahman*. Es existiert also ein Unwandelbares, das aber nichts von dem betrifft, worauf wir wirklich Wert legen: unser Leben, unsere Gefühle, unsere Nächsten.

Für einen Hindu gibt es keinen Glaubensakt. Seine Religion drückt eine natürliche Wahrheit aus, die ebenso ihre Berechtigung hat wie die Naturgesetze. Das Gesetz des Handelns, *karma*, gilt als Naturphänomen. Selbst für das *saṃsāra*. Nur über das *brahman* hat sich eine ziemlich einflußreiche Strömung gestritten, die üblicherweise als »materialistisch« bezeichnet wird.

Im Hinduismus gibt es keinen Bedarf an Konzilien. Die *Ordnung* der Welt spiegelt sich in den Texten, den Mythen und den Ritualen wider.

Zieht man Vergleiche zwischen indischen und westlichen Philosophien, so läßt sich über die jeweiligen Stärken und Schwächen ohne Ende reden. Zunächst ist es gut zu wissen, daß es einen unbezwingbaren Gegensatz gibt: Das Konzept des Ich. Auf der einen Seite nur ein Rauch, auf der anderen Seite eine einzigartige Einheit.

Der Eindruck von Distanziertheit, den ein Inder immer erweckt, wenn man mit ihm spricht oder etwas mit ihm zusammen unternimmt, rührt von der Tatsache her, daß er zur gleichen Zeit eine andere Konversation führt, den Dialog mit der Ordnung der Welt (repräsentiert durch die Gottheit), und daß dieser für ihn entscheidend ist.

Der Tod? Er setzt dem Denken Grenzen. Woran die Scheiterhaufen erinnern.

Doch man stellt ihn nicht dar, man spricht nicht über ihn, man gefällt sich nicht in seiner Gesellschaft. Das Ziel des Hindu: Vorangekommen zu sein, wenn er eintritt. Warten ohne Angst.

Ein vorübergehendes Verschwinden.

Deckendekor. Tamil Nadu.
Nachfolgende Doppelseite: Reisfelder. Kaschmir.

Manchmal erscheint uns das Gefühl der Fremdheit als Ausgeburt unseres Denkens. Wir begehren auf: Diese spielenden Kinder sind wie alle Kinder; diese Frauen stillen ihre Säuglinge mit derselben Ungezwungenheit und vollführen dieselben koketten Gesten wie unsere Frauen; diese Männer in den Dörfern sind gekleidet wie wir, rennen der Zeit hinterher wie wir und sind genauso dumm wie wir. Und was die *saṃnyāsin* anbelangt – was bleibt von ihnen, wenn man sich den Dreizack, die langen Haare und die Asche wegdenkt?

Einen so kleinen Raum nimmt Indien ein!

Der Rauch verzieht sich nicht.

Etwas Wesentliches spielt sich in Indien ab. Weder in den Tempeln, den Bahnhöfen, den Palästen, den Märkten, den Hohlwegen, den Urwäldern noch auf den langen wüstenartigen Stränden. Es spielt in den Herzen des indischen Manns und der indischen Frau.

Eines Tages fragte ein König einen Brahmanen, wo sein freies Verhalten herrühre. Der Brahmane erwiderte, seine Lehrer seien zahlreich und allesamt mit Hellsichtigkeit begabt gewesen, und er zählte sie auf:

Die Erde, der Wind, der Himmel, das Wasser, das Feuer, der Mond, die Sonne,
Die Taube, die Python, der Ozean, der Schmetterling, die Biene, der Elefant,
Der Honigdieb, die Hirschkuh, der Fisch, die Kurtisane Pingalā,
der Seeadler, das Kind,
das junge Mädchen, der Bogenmacher, die Schlange,
die Spinne und die Wespe.
Dies sind die vierundzwanzig Lehrer, o König,
an die ich mich gewandt habe.
Und ihr Verhalten ist es, aus dem ich gelernt habe.

UDDHAVA GĪTĀ, II, 33, 35

Den Kindern Bonbons geben, den jungen Mädchen zulächeln, den jungen Männern die Hand drücken (selten umgekehrt), bewundernde Blicke für die Greise, Zeit für die Meditation.

Man müßte in einem Aschram leben, um seinen Körper, seine Fähigkeiten und seine Grenzen, besser kennenzulernen. Um die Flexibilität des Hinduismus zu verstehen, der imstande ist, alles in sich aufzusaugen, ohne sich selbst zu verleugnen. Um zu lernen, wie man nach einer minuziösen Vorbereitung vier Stunden ohne eine Regung verharren kann, und wie einem dabei die Zeit nicht lang wird.

Um ... um ...

Diese Lücke mag jeder mit seiner eigenen Erfahrung füllen, die mit Worten nicht zu vermitteln ist.

Man müßte meditieren, während man auf einen Zug wartet, beim Friseur, im Verkehrsstau der grauenhaften Städte, nackt meditieren, beim Stillen des Babys, bei der Liebe (möglich), wenn man ein Glas Wasser ablehnt, bei der Darmentleerung (schwierig), beim Essen eines allzu stark gewürzten *ālu gobhī,* während eines Überfalls (heroisch), während man die Tempelstufen hinaufsteigt, im Fluß badet, unter dem Banyanbaum im Park der Theosophischen Gesellschaft in Madras den grünen Sittichen lauscht, beim Radfahren, unter dem Mond, in der Rikscha ... Meditieren.

Hindus meditieren wenig.

Deckendekor. Tamil Nadu.
Nachfolgende Doppelseite: Landschaft in den Westghats. Maharashtra.

Wichtig ist, in Harmonie zu leben. Mit der Welt und mit den anderen. Und mit sich selbst, was bedeutet, seine tiefinnere Natur wiederzuentdecken. Das Ritual dient als Stütze, die die Verbindungen stärkt und zusammenhält.

Es gibt wenige Leute, die Yoga betreiben.

Yoga verdankt seine gegenwärtige Blüte seinen Anhängern im Westen. Der Spiegel, der ihnen von den Gesellschaften der Mächtigen entgegengehalten wird, erlaubt den ehedem kolonisierten Völkern, die Freude an sich selbst wiederzuentdecken.

Yoga ist ein Wort, das gebildet wurde aus der Sanskrit-Wurzel *yuj*, »einspannen«, »verbinden«, »vereinigen«, das seinerseits von einem indo-europäischen Etymon kommt, von dem sich wiederum das lateinische Wort *jugum*, das französische *joug*, das englische *yoke* und das deutsche *Joch* ableiten. »Einswerden« ist das Schlüsselwort aller spirituellen Übungen der Inder. Es bezieht sich ebenso auf das Innere des Selbst wie auf die Verbindung zwischen dem Selbst und der Welt. Es geht nicht darum, einen neuen Zustand zu schaffen: Mit seiner Natur ist der Mensch ja bereits eins. Es geht darum, das wiederzufinden, was man ist.

Jedes Tier, jede Pflanze symbolisiert eine besondere Funktion des Lebens. So steht der Elefant für Mut und Klugheit und die Palme für das Band zwischen Mensch und Gott. Viele Yogastellungen haben zum Ziel, die Integration natürlicher Kräfte in sich zu ermöglichen.

Der Lotussitz, die Haltung des Blitzes, des Berges oder der Palme, die Posituren des Löwen, des Geiers, des Fisches, des Reihers, des Sittichs, der Schildkröte, des Krokodils, des Pfauen, der Kobra und selbst der Heuschrecke, deren zarte Flügel das Abheben eines ziemlich schweren Körpers erlauben, eine Positur, die auf den Magnetismus einwirkt und die, einigen Texten zufolge, Śiva der Sonne empfohlen hat.

Eine Präzisierung: Wir meinen hier Yoga im westlichen Verständnis, ein Begriff, der eine Übung bezeichnet. In den Sanskrit-Texten besitzt er noch eine viel weitergehende Bedeutung.

Der Gesang eines Schiffers in der Ferne auf dem Ganges schwebt durch das Abendlicht. Götter tauchen nicht, wie bei den Griechen, auf, sondern der Fluß selbst führt das Göttliche mit sich.

Nacht. Reflexe auf dem Wasser.
Quaken der Frösche im Röhricht.
Die Götter halten Wache.

Was macht den Genius Indiens aus?
Man betrachte die Gesichter der Alten!

Profanes und Heiliges, die in unserer Vorstellung grundsätzlich nicht vereinbar sind, sind in Indien nicht voneinander getrennt. Der Körper ist »heilig«, der Liebesakt kann es ebenso sein, solange die Menschen in den Heiligtümern essen, schlafen, streiten oder spielen.

Dennoch ist der Tempel ein besonderer Ort, die Wohnstatt einer wirklichen Gottheit. Das *dīpasthamba*-Ritual macht deutlich, daß das Betreten eines Tempels eine Veränderung des Lichts impliziert. Der Gläubige verbrennt Kampfer an einer Säule beim Eingang und empfängt so das innere Licht des Tempels.

Deckendekor. Tamil Nadu.
Nachfolgende Doppelseite: Karakorumgebirge. Ladakh.

Die Göttin Kālī, die man heute im Dorf feiert, ist an die Zeit (*kāla*) gebunden, deren Energie oder, den Texten zufolge, deren transzendierende Macht sie repräsentiert. Sie hat ihren Namen der Stadt Kalkutta gegeben. Man sieht sie oft in den śivaitischen Tempeln dargestellt. Sie wirkt zu Recht auf diejenigen beunruhigend, die von der Angst vor dem Tod beherrscht werden, obwohl es ihre Aufgabe ist, uns genau davon zu befreien. Wenn wir sie in unsere Vorstellungswelt oder in unser Unbewußtes aufnehmen, werden wir über erdrückende Dualitäten hinausgehoben.

Im *Kālī Tantra* wird die Göttin so beschrieben: »Schrecklich anzusehen, entblößt ihr Lächeln ihre fürchterlichen Zähne. Sie steht auf einem Leichnam und hat vier Arme. Ihre Hände halten ein Schwert und einen abgetrennten Kopf und vollführen Gesten des Gebens und der Angstabwehr. Sie ist die wohltätige Göttin des Schlafes und die Gefährtin Śivas.

Nackt, nur von Raum umhüllt, strahlt die Göttin, wobei ihr die Zunge aus dem Mund heraushängt. Sie trägt eine Halskette aus Totenschädeln. Das ist die meditationswürdige Form der Macht der Zeit, Kālī, die bei den Scheiterhaufen wohnt.«

Im Hinduismus ist keine Rede von Freiheit. »Der Mensch ist das Vieh der Götter«, heißt es im Bṛhad-āranyaka Upaniṣad. Man müßte seine eigene Persönlichkeit aufgeben, um den ganzen gewonnenen Platz Gott zu überlassen.

Sind die Inder also spiritueller als wir? Mitnichten! Die Religion ist einfach nur Teil ihres Lebens.

Ihre Gesichter sind stets zu einem Lächeln bereit.
Das ihnen schon eine Kleinigkeit entlocken kann, während es sich bei manchen Völkern hinter Mauern versteckt hält.

In diesem dunklen Heiligtum brennen Räucherstäbchen. Die Rauchfäden steigen auf, drehen sich und lösen sich auf. Was bleibt, ist ein Duft. Wie von unserem Leben, so heißt es.

Es gibt keine »reinen Ideen« in der Philosophie Indiens, im Gegensatz zu dem, was man sich vorstellt. Die Idee ist durch die Erfahrung ganz an das Sein gebunden.

Kühe mitten im Gedränge auf den Märkten, Kinder, die unter freiem Himmel unterrichtet werden, ein Blinder trällert vor sich hin, während er von einem in Lumpen gekleideten Mädchen geführt wird, grell bemalte Gottheiten, die man um eine gute Ernte, um männlichen Nachwuchs, um Heilung, um Regen bittet ... Die Wäscherinnen, die um den Waschplatz herum schwatzen, ein Säugling, der auf Stroh liegt, eine Jungfrau, die ihr Kleines stillt ... Dante ist hier nicht unbeheimatet.
Hinter dem Hain wartet er schon ungeduldig auf Vergil.

Deckendekor. Tamil Nadu.
Nachfolgende Doppelseite: Karakorumgebirge. Ladakh.

Die Überlieferung wird und wurde von Mund zu Mund weitergegeben. Wir, die wir uns unter Büchern vergraben, haben vergessen, wie vital das Wort ist. Zudem vergessen wir, wenn wir uns dem indischen Denken annähern, daß dieses eine Praxis voraussetzt, und wenden unsere Art zu denken auf eine Kultur an, die ganz anders vorgeht. Und so wird eine Menge Unfug zusammengeschrieben.

Die Hindus sind überzeugt, daß die heiligen Worte ein lebender Organismus sind. Ein einziges falsch auszusprechen, heißt, das Wirkliche zu verletzen, den Unmut der Götter zu erregen. Welche Mühe erfordert die Wiedergutmachung! Manchmal muß man die Rezitation von Anfang an wiederholen. Wiedergutmachen heißt nicht auslöschen.

Nichts verschwindet jemals.

Begeht man eine böse Tat, dann hat man die Konsequenzen in einem, in drei, in sieben Leben zu tragen …

Die Hindus gehen in den Tempel, um Vergünstigungen zu erhalten. Wie man bei uns ans Meer oder in die Berge zur Kur fährt, um seine eigene kleine Gesundheit etwas aufzumöbeln. Warum häufen sich die Besuche der Ausländer?

Manchmal öffnet ein Seufzer, ein Wort, ein einziger Ton den Himmel wie mit scharfen Klingen. In diesem Pilgertempel auf einem Hügel lärmen Trompeten, Tablas und Zimbeln. Es ist sinnlos, auf eine innere Stimme zu horchen.

Es genügt, der Kloake zu folgen,
und man gelangt mit Sicherheit ans Meer.

Wäre ich Indien niemals begegnet,
wüßte ich nur aus meiner Kindheit,
daß die Mythen sich
berühren und fühlen.

Eines Tages ist es geschehen, und Indien hat uns gepackt und unsere Beziehung zum Leben verändert. Die »Modernität« erscheint wie ein unbedeutendes Abenteuer, wie ein grauer Schmetterling in einer traurigen Jahreszeit.

Der Fortschritt – nur eine Idee, unvollkommen und subjektiv.

Die Religion – eine Lebensnotwendigkeit, selbst dann, wenn Gott sich zurückgezogen hat.

Die Schönheit – der Sauerstoff, ohne den uns der Alltag ersticken würde.

Die Zeit hat die Kleider gewechselt.

Das ganze Universum entspringt der Freude.
LIṄGOPĀSANĀ-RAHASYA

Mystisches Diagramm. Kerala.
Nachfolgende Doppelseite: Karakorumgebirge. Ladakh.

Andere Wege zum Göttlichen

Vielarmige Gottheiten, Vielfalt der in Indien praktizierten Religionen. Die Beziehungen zwischen ihnen sind beileibe nicht nur oberflächlicher Natur, denn keine zweite Kultur hat sich gegenüber anderen Religionen, die sich ihr, aus verschiedensten Weltgegenden kommend, annäherten, so aufgeschlossen gezeigt wie die indische. Außer dem Hinduismus, mit dem sich achtzig Prozent der Inder identifizieren und der selbst eine Überfülle von Traditionen, Schulen und Riten kennt, sind dem Nährboden der indischen Philosophie auch der Buddhismus, der Jainismus und der Sikhismus entsprossen. Von außen ist im Gefolge mehrerer Invasionswellen der Islam hinzugekommen, der heute an das Schicksal der Indischen Union gebunden ist und zu dem sich bis zur Teilung ein Drittel der Bewohner jenes Territoriums bekannt hatte, das mittlerweile in Indien, Pakistan und Bangladesh zerfallen ist. In Cochin hat über lange Zeit eine uralte jüdische Gemeinde existiert, und das Christentum hat sich schon seit seiner Frühphase in Indien verbreitet, verstärkte sich dann nach der Ankunft der Portugiesen im 16. Jahrhundert und konzentrierte sich in der britischen Zeit auf kleinere Gemeinden. Wohl drei Prozent der indischen Bevölkerung sind heute Christen; in Zahlen ausgedrückt wären das immerhin mehr, als es in einem Land wie Italien an praktizierenden Christen gibt. Nach der Islamisierung Persiens haben seit dem 8. Jahrhundert die Parsis Aufnahme in Indien gefunden. Auch wenn die Anhänger des Zoroastrismus zahlenmäßig nicht sehr ins Gewicht fallen, nehmen sie doch in der indischen Industrie, vor allem in Bombay (Mumbai), Machtpositionen ein. Ferner bestehen in abgelegenen Gegenden noch die ursprünglichen vorarischen Stammesreligionen, die im einzelnen schwer zu unterscheiden sind, weil sie stark mit hinduistischen und schamanistischen Elementen durchsetzt sind.

Auch wenn die Unterschiede zwischen den in Indien entstandenen Religionen und denen, deren heilige Bücher und Glaubensvorstellungen aus anderen Weltgegenden stammen, eine historische Realität sind, besitzt keine der Religionen mehr Legitimation als die anderen. Warum auch sollten die Indoeuropäer, die frühesten Invasoren, mit ihren Veden eine größere Legitimität besitzen als die Muslime oder die Christen? Hohes Alter kann man bewundern, es impliziert aber keine größere Nähe zur Wahrheit. Andererseits sollten wir uns im Hinblick auf die Dauerhaftigkeit der Glaubensgemeinschaft nicht täuschen: Die ersten christlichen Gemeinden wurden hier vor fast zweitausend Jahren gegründet und sind damit älter als das Christentum in Frankreich oder Großbritannien; der Islam etablierte sich vor zehn Jahrhunderten in Indien, also lange, bevor er nach Konstantinopel oder Indonesien gelangte.

Indien beruht auf einer Vielfalt von Völkern, Glaubensvorstellungen, Sitten und Sprachen, die sich unentwirrbar gegenseitig beeinflußt haben. Diese Prozesse sind, vor allem zwischen Hindus und Muslimen, nicht ohne Konflikte oder Ausgrenzungen vonstatten gegangen, doch *Mutter Indien* ist eine Realität, die sich alltäglich von Kaschmir bis zum Kap Comorin aufs neue behauptet. Man kann unmöglich definieren, was ihre Substanz ausmacht. Doch man kann sie spüren und befühlen. Ein unsichtbares Band verbindet Ellora mit dem Taj Mahal und findet sich gleichermaßen in der Spiritualität des Prinzen Siddhārta wie in der von Mahāvīra, Nāgārjuna, Śaṅkarācārya, Kabīr, Guru Nānak, Tukārām, Dārā Shiko, Rabindranath Tagore, Ramana Maharshi, Gandhi, Shri Aurobindo, der Mutter von Pondicherry, von Ma Anandamoyi, Mutter Teresa oder Amma …

Das Eine, das ohne Nuance ist,
Tritt aufgrund eines geheimen Musters in unterschiedlichen Farben zutage.
Śvetāśvatara Upaniṣad

Buddha ist Inder

Der Buddhismus gehört zusammen mit dem Christentum und dem Islam zu den drei großen Religionen, die sich auf mehreren Kontinenten ausgebreitet haben. Handelt es sich beim Buddhismus eher um eine Religion oder um eine Philosophie? Die Antworten variieren. Sagen wir, daß der Buddhismus ein Weg der Erlösung ist, aus dem sich eine Religion entwickelt hat.

Śakyamuni (der Weise der Śakya) oder Gautama, seit seiner »Erleuchtung« in Bodh-Gaya der Buddha (der Erleuchtete) genannt, lebte zwischen dem 6. und 5. vorchristlichen Jahrhundert im Norden Indiens, zwischen dem Himalajagebirge und der Gangesebene. Er hat kein heiliges Buch offenbart und auch keine Kirche gegründet. Seine Lehre – mündlich verkündet wie im Fall von Sokrates und Jesus – ist fünf Jahrhunderte lang von Lehrer zu Schüler überliefert worden, bis sie in einem umfangreichen, in Pali abgefaßten Kanon zusammengetragen und bald darauf in mehrere Sprachen – unter anderem Sanskrit, Chinesisch und Tibetisch – übersetzt wurde. Vergleiche zwischen verschiedenen Quellen legen nahe, daß der Inhalt seiner Botschaft während der Jahrhunderte der mündlichen Überlieferung nicht verändert wurde, auch wenn sich Berichte über das Leben des Buddha nicht ganz der Neigung der Menschen, Wunderbares hinzuzudichten, entziehen konnten.

Der Buddha hat eine Methode der Erlösung gefunden, die sich auf die einfache Verknüpfung von vier »edlen Wahrheiten« stützt; diese sind: das Leiden, die Entstehung des Leidens, die Aufhebung des Leidens und der Weg, der zur Aufhebung des Leidens führt. Die vielen Berichte, Mythen oder Spekulationen, die sich in der umfangreichen buddhistischen Literatur herausgebildet haben, dienen nur dem Zweck, das Selbst auf dem Weg der Verwandlungen zu begleiten. Ohne innere Erfahrung wäre der Buddhismus nur eine von vielen Spekulationen auf dem Friedhof jener Ideen, die nicht Fleisch geworden sind. Ohne Meditation gibt es ebensowenig einen Buddhismus wie ohne einen Lehrer. Auch nach

Nachfolgende Doppelseite: Portal des Stupa von Sanchi. Madhya Pradesh.

Großer Stupa. Sanchi, Madhya Pradesh.
Rechte Seite: Buddhakopf

Tibetischer Mönch.
Rechte Seite: Junger Mönch mit seinem Meister.
Vorhergehende Doppelseite: Karakorumgebirge. Ladakh.

fünfundzwanzig Jahrhunderten wird das Wesentliche der Lehre des Buddha von einem Menschen auf den anderen übertragen, von demjenigen, der sich dem Ziel bereits angenähert hat, an denjenigen, der sich entschieden hat, den Weg zu beschreiten. Ohne dieses Fluidum besäße der Buddhismus nicht seine Vitalität.

Der Buddhismus hat sich über Umwege in der indischen Kultur verankert. Er hat das *saṃsāra* und die *māyā* integriert, aber die bloße Existenz eines *ātman* verworfen und verweigert dem Menschen die Möglichkeit, auf die Frage nach der Existenz oder Nichtexistenz Gottes eine Antwort zu finden. Andererseits kümmert er sich nicht um Kasten, Rituale oder mehrgesichtige Götter, denen man schmeicheln müßte. Die Erlösung entscheidet sich im Inneren des Selbst.

Wie andere Lehren so vieler Prediger, die Wildwuchs auslichten wollten, ist der Buddhismus dem Weg der Religionen (einer fest in der menschlichen Psyche eingegrabenen Struktur) gefolgt, und man sieht in zahlreichen buddhistischen Tempeln Gläubige, die den Buddha (der nichts dafür kann) um ein Auto, einen Ehemann, um Geld, einen Sohn oder eine Geliebte bitten ...

Im Zuge seiner Verbreitung über ganz Ostasien hat sich der aus Indien kommende Buddhismus gewandelt und verzweigt. Beachten wir jedoch folgendes: Wenn ein Mönch aus Sri Lanka (Theravāda-Buddhismus) und ein tibetischer Mönch (Vajrayāna), ein japanischer Mönch (Mahāyāna zen oder Shingon-Buddhismus) und ein Mönch aus dem Abendland zusammenkommen, die jahrelang mit einem strengen Lehrer praktiziert haben, so werden sie sich durch ein Augenzwinkern oder ein Auflachen verständigen können. Der Buddhismus, der in einer körperlichen und geistigen Praxis verankert ist, erweist sich seinem Wesen nach als flexibel und aufgeschlossen. Überall dort, wo er Wurzeln geschlagen hat, hat er problemlos neben anderen, älteren Glaubensvorstellungen (oft schamanistischer Art) bestehen können, etwa neben der Bon-Religion in Tibet, dem Nat-Kult in Burma, dem Ahnenkult in China und dem Schinto in Japan.

In Indien ist die Bewegung anders verlaufen. Vor allem von Kaiser Aśoka (3. Jahrhundert v. Chr.) gefördert, konnte er sich dort dauerhaft etablieren. Der Buddhismus hat damals neben dem existiert, was man gewöhnlich als Hinduismus bezeichnet, bis er zwischen dem 7. und dem 12. Jh. n. Chr. langsam verkümmerte. Über die Gründe für den Rückzug des Buddhismus aus Indien kann man nur Vermutungen anstellen. Zunächst hat er sich fünfzehn Jahrhunderte lang dort entfaltet (also länger als etwa das Christentum in Rußland), ehe er ohne ernste Konflikte im Hinduismus aufging. Keiner der allgemein genannten Gründe – Ankunft des Islam, Verschwinden der gesellschaftlichen Schicht, die den Buddhismus angenommen hatte, Integration eines Teils seiner Metaphysik in den Hinduismus, Behauptung der Brahmanen an der Spitze der Gesellschaft, Nichtübereinstimmung des indischen Geistes mit dem des Buddhismus etc. – reicht allein als Erklärung aus, auch wenn an jedem, mit Ausnahme des letztgenannten, wahrscheinlich etwas Wahres ist.

Stellen wir uns eine andere Frage: Hat sich der Buddhismus denn tatsächlich aus Indien zurückgezogen? Kenner erinnern daran, in welchem Maße der buddhistische Philosoph Nāgārjuna (2.–3. Jh.

n. Chr.) das spätere Denken der Hindus beeinflußt hat, insbesondere das von Śaṅkarācārya (9. Jh. n. Chr.) und der sogenannten *Advaita*-Lehre. Sind die Asketen denn keine *Avatāras* der buddhistischen Mönche, die im Laufe der Jahrhunderte als Bezwinger ihrer Begierden in Indiens Dörfern ihre Bettelschale den Leuten hingestreckt haben? Die am Rande der orthodoxen Strömungen des Hinduismus lebenden *saṃnyāsin* lehnen den Ausschluß eines Menschen aufgrund seiner Geburt ab, predigen die Gewaltlosigkeit und praktizieren Formen der Loslösung, die denen des Buddhismus ähneln. Im Indien des 20. Jahrhunderts lassen sich bemerkenswerte Einflüsse des Buddhismus sowohl bei Gandhi als auch bei Shri Aurobindo oder Prajnanpad feststellen. Und in dem weißen Streifen der indischen Nationalflagge findet sich, zwischen dem Orange des Hinduismus und dem Grün des Islam, das Staatswappen Indiens – das Rad, nach dem Kapitell der Löwen von Sarnath, einer berühmten buddhistischen Skulptur.

Es bleibt festzustellen, daß eine der erhabensten Gestalten, die die Bildhauerkunst der Welt hervorgebracht hat, nämlich die des meditierenden Buddha, seit etwa einem Jahrtausend nicht mehr dargestellt wird, und daß keine Gottheit des hinduistischen Pantheons diese Lücke je gefüllt hat.

Das buddhistische Leben ist in Indien so reich gewesen, daß die wichtigsten Schulen, die sich im Schoße der verschiedenen, den Buddhismus übernehmenden Kulturen herauskristallisiert haben, auch dort entstanden: der Theravāda-Buddhismus, die Mādhyamaka-Schule, der Mahāyāna-Buddhismus und seine Nebenform Dhyāna (zen), der Tantrismus usw. Auch die buddhistische Bildhauerei, ob nun aus Sri Lanka oder aus Japan, ist von Indien inspiriert worden, wie man an den Posituren (*āsana*) oder der Gebärdensymbolik der Hand (*mudrā*) unschwer erkennen kann.

Jaina-Tempel. Mount Abu, Rajasthan.
Rechte Seite: Gläubige Frau in einem Tempel.

Erstaunt fragt man sich, warum sich der Jainismus, der in vielerlei Hinsicht dem Buddhismus ähnelt, nicht über die Grenzen Indiens verbreitet hat. Was ist am Buddhismus universeller? Es ist die Einfachheit der vier Wahrheiten, und, so könnte man hinzufügen, die Kraft, die sich im Leben des Buddha selbst manifestiert hat.

Der Niedergang des Jainismus hat zwar schon um das 12. Jahrhundert herum eingesetzt, doch er ist bis heute ein lebendiger Glaube geblieben, der die Reisenden immer wieder in Erstaunen versetzt. Der Gründer des Jainismus, Mahāvīra (oder Vardhamāna) hat im 6. Jh. v. Chr. gelebt. Wie Gautama hat er seine Familie verlassen, um Wandermönch zu werden. Im Zentrum dieser Praxis steht eine Forderung nach Reinheit, die eine der Grundlagen der indischen Kultur ist. Man hat stets das Bild eines Jaina-Gläubigen vor Augen, der sich ein Tuch vor den Mund bindet, damit er nicht versehentlich ein Insekt verschluckt.

Oft wird Mahāvīra (»großer Held«) wie der Buddha in Versenkung sitzend dargestellt, oder in kolossalen Statuen, die die drei Welten symbolisieren – die Unterwelt mit den Beinen, die Mittelwelt mit dem Rumpf und die Oberwelt mit dem Kopf.

Die Anhänger des Jainismus machen nur 0,3 Prozent der Bevölkerung der Indischen Union aus, eine lächerliche Zahl angesichts seiner Bedeutung in der Geschichte des Denkens und der Kunst Indiens, ganz zu schweigen von der Ausstrahlung von Orten wie dem Mount Abu oder Palitana und seinen 863 Tempeln, denen starke Schwingungen nachgesagt werden. Tatsächlich hat der vielarmige Hinduismus es verstanden, Werte des Jainismus für sich zurückzugewinnen, die dann zur gemeinsamen Grundlage Indiens geworden sind.

Die buddhistische Bildhauerkunst in Indien umfaßt zwei wesentliche Etappen. Anfänglich haben die Künstler, die die bedeutsamen Augenblicke im Leben des Buddha darstellten, ihn überhaupt nicht abgebildet. Dafür gibt es keine Erklärung. Man kann sich vorstellen, daß es Widerstand gegen eine mögliche Vergöttlichung des Meisters gegeben hat (zu der es dann trotzdem gekommen ist). Und welche Lektion in Sachen Unbeständigkeit liegt in der Tatsache, daß sich die Gestalt, mit der an Śakyamuni erinnert werden soll, mit den jeweiligen Phasen seines Lebens ändern! Das heimliche Verlassen des Palastes seines Vaters, in dem seine Frau und sein Sohn schlafen, nach den vier entscheidenden Begegnungen (mit einem Greis, einem Kranken, einem Toten und einem Asketen) haben die Bildhauer durch Fußabdrücke dargestellt. Dann gab es die Wanderjahre bis zur Erleuchtung in Bodh-Gaya unter dem Feigenbaum in der Nähe des Flusses; für diesen Lebensabschnitt wählten sie folglich den Baum als Symbol. Gewiß, Gautama saß gegen einen Baum gelehnt, doch der Baum weist über die Episode hinaus. Er steht für eine Kraft, die ihre Substanz zugleich in die Erde senkt und zum Himmel erhebt; sie ist dauerhaft dank des Stammes, aber seine Blätter sind auch dem ephemeren Spiel der Jahreszeiten unterworfen; der Baum

Vorhergehende Doppelseite: Jaina-Tempel in Palitana. Gujarat.

schützt vor Regen und Sonne und birgt potentiell die Substanz des Feuers in sich; außerdem ist er geduldig und achtet auf den Hauch des Windes.

Nach seiner »Erleuchtung« begibt sich Gautama nach Sarnath (nahe Benares), wo er seine erste Predigt hält. Hier entsteht später auch die Skulptur des Rades als Symbol für das »In-Bewegungsetzen des Rades der Lehre«. Lebt er von nun an bis zu seinem Tod ein Leben ohne große Ereignisse? Die Texte berichten über eine Vielzahl markanter Episoden im Laufe der vielen Jahre seiner Lehre, aber keine davon fand in den Darstellungen aus Stein ihren Niederschlag. Die vierte Phase, das Ende seines historischen Lebens, das *mahāparinirvāṇa*, das er in Kushinagara erreichte, sollte durch einen Stupa symbolisiert werden. Dafür gibt es eine einfache Erklärung: Der Stupa ist ein Grabdenkmal, in dem Reliquien aufbewahrt werden. Doch er steht vor allem für das kosmische Ei, einen Mikrokosmos, von dem magische Einflüsse ausgehen. Der Stupa mit seiner schlechthin als *die* buddhistisch geltenden Form erinnert daran, daß die Erlösung vom Kreislauf der Wiedergeburten dem Menschen erlaubt, in den Mutterschoß der Ursprünge zurückzukehren.

Die zweite Phase der buddhistischen Bildhauerkunst in Indien, die länger dauerte und mit der Verbreitung in Südostasien und im Fernen Osten einherging, stellt Gautama als einen Menschen dar, den Regeln entsprechend zwar, aber ohne die schimärischen Elemente, welche für die Hinduskulpturen so typisch sind. Erste Etappe: Bei seiner Geburt entsteigt er der Seite seiner Mutter beziehungsweise, den Bildhauern zufolge, verläßt er hoch zu Roß den Palast seines Vaters, nachdem er im Zuge der vier Begegnungen die Realität des Lebens entdeckt hat. Zweite Etappe: Er sitzt in Bodh-Gaya nach seiner Erleuchtung auf dem Lotos und nimmt mit seiner Rechten die Erde zum Zeugen dafür, daß er den Versuchungen des *Māra* widerstanden hat. In der Darstellung der dritten Etappe ändert sich nur die Haltung der Hände: Das ist die Predigt, die das Rad der Lehre in Bewegung setzt. Vierte Etappe: Auf der rechten Seite liegend, ist er in das *mahāparinirvāṇa* eingegangen, das dem Zyklus der Wiedergeburten ein Ende setzt. Seine Schüler, die ihn umringen, sind niedergedrückt vom Schmerz, bis auf einen einzigen, der ruhig in seiner Meditation verharrt. Der Buddha soll also nur von einem Schüler verstanden worden sein, nachdem er sein ganzes Leben der Lehre von der Loslösung geweiht hatte? Die Bildhauer machen sich über unsere Fähigkeiten, aus der Welt der *māyā* auszusteigen, also kaum Illusionen.

Es ist trotzdem interessant festzustellen, daß ein Prinz vor fünfundzwanzig Jahrhunderten im nördlichen Indien umhergewandert ist und seine Lehre verbreitet hat, ein Mensch, dem nichts Außergewöhnliches zugestoßen ist (das *nirvāṇa* ist etwas Natürliches) und der eine Methode der Erlösung verkündet hat, die auf friedliche Weise mehr als die Hälfte Asiens für sich gewonnen hat, bevor sie auch im spirituell verarmten Abendland Wurzeln schlug. Im Gegensatz zum Christentum und zum Islam hat sich dieser Prozeß ohne die Unterstützung eines mächtigen Staates oder brutale Kriege vollzogen. Seine Waffe hat immer nur in der Ausstrahlung seiner Lehrer bestanden. Nur ein einziger indischer Mönch, Bodhidharma, soll es gewesen sein, der sich Anfang des 6. Jahrhunderts, nach China begab, um dort die Lehre des Buddha zu verkünden, die sich in der Folge auch in Korea und bis nach Japan verbreitete.

Nachfolgende Doppelseite: Jaina-Asket am Fuße einer Statue von Bahubali. Karnataka.

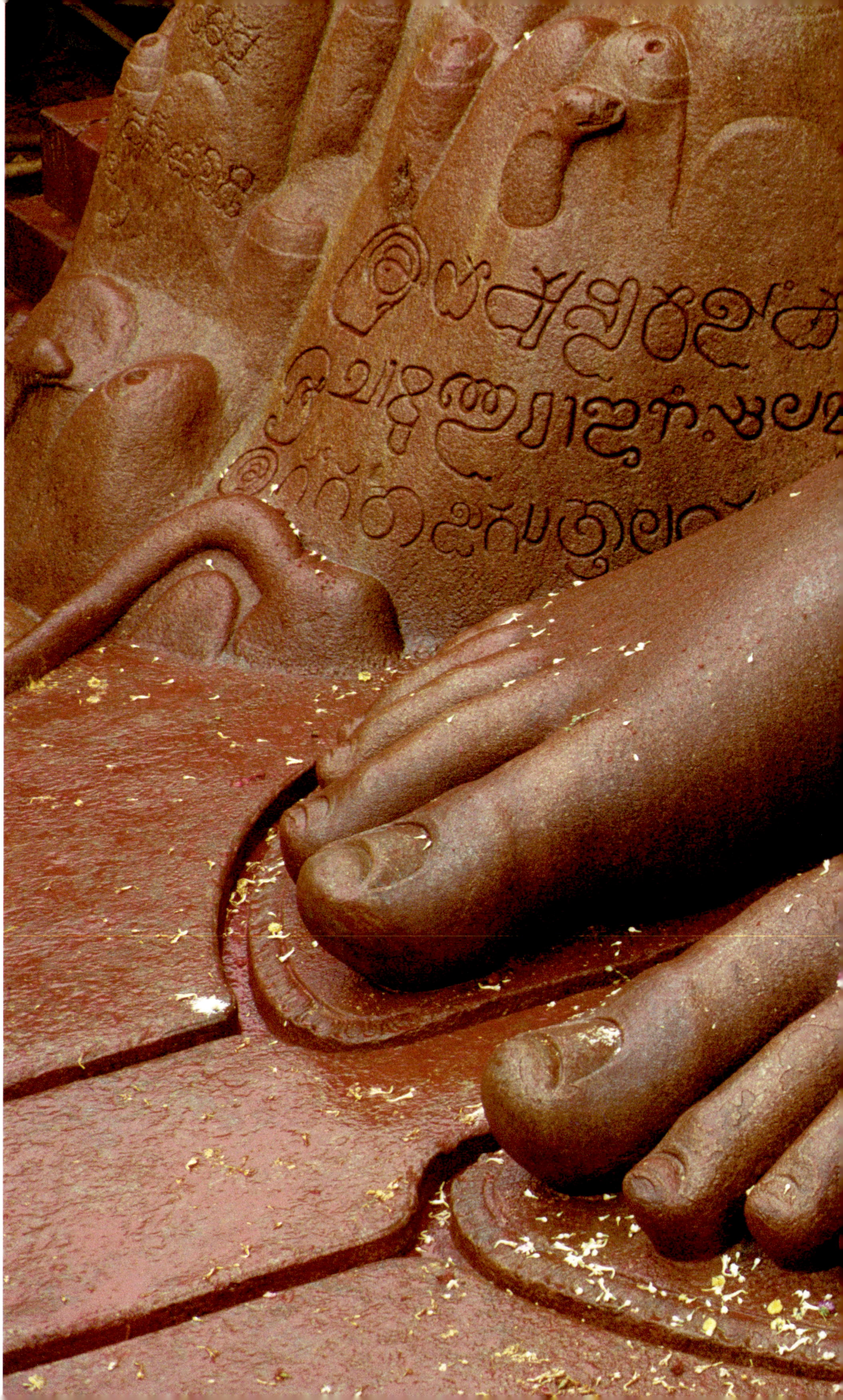

Siddhārta Gautama wurde (560 v. Chr.?) in Lumbini geboren, das im heutigen Nepal, nahe der Grenze zu Indien, gelegen ist. Dort steigt das Tal des Ganges stufenweise an, bis es die Berge des Himalaja erreicht, wo die launischen, Gesang und Tanz liebenden Götter wohnen. Nach seiner Erleuchtung und dem ersten öffentlichen Auftreten hat er als Wanderprediger in einem Gebiet gelehrt und meditiert, das mehr als zehntausend Quadratkilometer umfaßt und in den heutigen Bundesstaaten Bihar (der Name leitet sich ab von *vihāra*, »buddhistisches Kloster«) und Uttar Pradesh liegt. In das *mahāparinirvāṇa* ging er in Kushinagara ein, ungefähr sechzig Kilometer oder zwei Tagesmärsche von Lumbini entfernt.

Zahlreiche Pilger suchen die wichtigsten Stätten auf, die mit dem Leben und der Predigt des Buddha verbunden sind. Sie kommen aus verschiedenen buddhistischen Ländern und aus Indien, wo eine kleine Gemeinde von Buddhisten besteht, deren Mitgliederzahl nach der Bekehrung von Dr. Ambedkar im Jahre 1956 allerdings angewachsen ist. B. R. Ambedkar (1891–1956) war ein »Unberührbarer« aus Maharashtra, der sich zeitlebens für seine Schicksalsgenossen eingesetzt hat. Seine Bekehrung zum Buddhismus, der viele »Unberührbare« folgten, bietet die Chance, die von den Hindus errichteten Kastenschranken wenigstens teilweise einzureißen.

Herbergen nehmen die Pilger auf, die aber auch in den Klöstern Unterkunft finden können; sie werden oft von singhalesischen Mönchen unterhalten, deren orangefarbene Roben Hobbyphotographen das Gefühl vermitteln, begabte Künstler zu sein. Ebenso große Freude kann man empfinden, wenn man dem Gezwitscher der Vögel in den Bodhi-Bäumen (Ficus oder Pippal) lauscht, am Fuße der Stupas über die Unbeständigkeit meditiert, vor den Statuen des Meisters in dunklen Nischen betet, die Lotusblüten bewundert, die denen auf den Fresken von Ajanta gleichen, vor denselben makellosen Blumen philosophiert, die ihre Nährstoffe aus ekelerregenden Tümpeln ziehen, an einem von dem Buddha geliebten Ort schläft ... und sich überall mit seinen letzten Worten vollsaugt:

Hört mir jetzt gut zu, ihr Mönche:
Alle Teile des Seins sind vergänglich.
Kämpft aufmerksam und mit Leidenschaft.

Mahāparinibbāna Sutta, VI. 7

ॐ

Pilger. Tamil Nadu.

Ein Sādhu unter einem Banyanbaum.

Der Islam und der Dialog

Seit mehreren Jahrhunderten stellt der Islam eine grundlegende Komponente der indischen Kultur dar. Heute sind elf Prozent der Bevölkerung der Union Muslime. Ihre Zahl ist ebenso hoch wie die der Muslime Pakistans oder Bangladeshs, und ihre Gemeinschaft gehört nach der Indonesiens zu den größten der Welt.

Die ersten Muslime waren arabische Kaufleute, die sich schon bald nach der Hedschra an der Küste von Malabar niedergelassen hatten. Ihnen folgten im 7. Jahrhundert Invasoren, die sich im Sind und dann, ab dem 12. Jahrhundert, in Gujarat ansiedelten. Nach und nach kamen zwischen dem Ende des 12. und dem 16. Jahrhundert islamisierte Eroberer von den Hochebenen Afghanistans nach Indien. Das waren kriegerische, an rauhe Landschaften und an ein karges Leben gewöhnte Völker, die, vom Indus bis zum Ganges, hinter dem schmalen Khyberpaß Blumen, Flüsse und Frauen entdeckten, welche ihnen über alle Maßen gefielen, aber auch Götter, die sie gnadenlos bekämpften. Es waren verschiedene Völker: Türken, Afghanen, Mongolen ... bis 1526 ein Nachkomme Tamerlans rasch für »Ordnung« sorgte und das Mogulreich schuf, das den größten Teil Indiens beherrschte, bis es im 18. Jahrhundert nach und nach von den Briten besiegt wurde. Wenn man die gesamte Geschichte Indiens betrachtet, dann bestand das Mogulreich nur kurze Zeit, doch es drückte Indien seinen unverkennbaren Stempel auf, indem es einen bedeutenden Teil der Bevölkerung – bald mit, bald ohne Gewalt – islamisierte, großzügig neue Städte, Paläste, Moscheen und Festungen errichtete, die Sitten veränderte – von der Art, sich zu kleiden, bis zur Einstellung gegenüber den Frauen – und eine Verwaltung einführte, deren Strukturen die Briten übernahmen, und Indien zum Beispiel eine Kaiserin gaben, auch wenn diese von den fernen Inseln mit ihren unverständlichen Sitten stammte.

Die Muslime waren Erbauer, aber ebenso unerbittliche Zerstörer. Da die »Götzendienerei« oder das, was sie dafür hielten, in den Augen eines Muslim unerträglich ist, verwüsteten die Eroberer Tausende von Tempeln – eine Plünderung, deren Folgen auch heute noch unübersehbar sind. Doch der laizistische Staat von heute respektiert den Islam. In jeder Stadt, in jedem Marktflecken und in vielen Dörfern stehen die Moscheen neben den Tempeln der Hindus, ohne daß sich daraus irgendein Drama ergeben würde, wenn man einmal von den seltenen Fällen absieht, auf die sich dann die Medien stürzen. Zahlreiche Muslime nehmen im Leben der Union wichtige Stellungen ein: Auch das Amt des Präsidenten der Republik wurde zweimal hintereinander von einem Muslim bekleidet.

Die indischen Muslime sind in ihrer Mehrheit Sunniten. Wie die anderen Gemeinden bekennen sie sich ungehindert zu ihrem Glauben, indem sie ihre eigene Tracht tragen oder etwa Bilder von der Kaaba in ihren Geschäften aufhängen. Wie für andere Glaubensrichtungen gilt, daß Heiraten zwischen den Religionsgemeinschaften nicht vorkommen, auch wenn sie vom Gesetz her möglich wären.

Da die muslimische Geschichte in Indien allzu häufig mit Kriegen und Zerstörungen assoziiert wird, muß man diejenigen hervorheben, die den Weg des Dialogs mit den Hindus beschritten haben.

Einer der größten Dichter aller Zeiten, der Muslim Kabīr (1440–1518), kam in Benares zur Welt, wo er von seiner bescheidenen Tätigkeit als Weber lebte; seine Stadt verließ er so gut wie nie. Er befürwortete einen religiösen Synkretismus jenseits der in den Büchern offenbarten Wahrheiten. Dieser frei denkende Mensch wurde wie ein Heiliger verehrt und war bei den einfachen Leuten ebenso beliebt, wie er von den Repräsentanten der etablierten Religionen gefürchtet wurde, denen es aber nicht gelang, seinen Einfluß zu beschneiden. Nach seinem Tod schlossen sich seine Schüler zusammen, um das Überleben seiner Mystik, seiner Liebesgesänge an das Eine, seines Spotts gegen die Brahmanen und die Mullahs, zu sichern, die er als »Verfertiger frommer Reden« bezeichnete, die »jeden Tag früh aufstehen, um Lügen zu verkünden«.

Im Herzen brennt ein Brand
doch meldet ihn kein Rauch
Davon weiß nur, der brennt
Der ihn gezündet, auch.

Im Wasser brennt ein Feuer
hat allen Schlamm verbrannt
In Nord und Süd die Weisen
bracht das um den Verstand.

Kabīr, ich hab mein Haus verbrannt, 3, 5.

Dorfmoschee. Maharashtra.
Rechte Seite: Muslim. Rajasthan.

Große Moschee. Fatehpur Sikri.
Linke Seite: Muslimische Frau. Hyderabad, Dekkan.

 Fatehpur Sikri.

Muslim. Gujarat.
Rechte Seite: Perlenmoschee. Rotes Fort, Alt-Delhi.
Nachfolgende Doppelseite: Dal-See. Srinagar, Kaschmir.

Taj Mahal. Agra.
Rechte Seite: Muslimische Frau. Hyderabad, Dekkan.

Grabmal des I'timād ud-Daulah. Agra.

Den ich zu suchen ausging
Den fand ich, wo ich stand
Der ist ich selbst geworden
Den Andrer ich genannt.

Den Leib erleuchtet Liebe
es strahlt Unendlichkeit
Seit ich Ihn fand, den Liebsten
ward Zweifel Seligkeit.

Kabīr, ich hab mein Haus verbrannt, 51, 52.

Ein Zeitgenosse Kabīrs war Guru Nānak (1469–1539), der Gründer der Religion der Sikhs, dessen heiliges Buch der Adigrantha ist. Ihm ging es um eine Synthese von Hinduismus und Islam, die gekennzeichnet war durch den Glauben an einen einzigen Gott, die Abschaffung der Kasten und die Durchsetzung der Gleichstellung von Mann und Frau. »Tu deine Arbeit, teile ihre Früchte und meditiere über den Namen«, lautet die Devise dieser Religion, die im Ruf steht, kriegerisch zu sein, weil die Sikhs zähe Kämpfer sind; in Wirklichkeit aber gründet ihr Glaube auf der *bhakti,* womit die liebende Ergebenheit des Gläubigen gegenüber dem Göttlichen gemeint ist. Die ursprünglich aus dem Punjab stammenden Sikhs, die vor allem in Nordindien aktiv sind, machen heute weniger als zwei Prozent der Gesamtbevölkerung Indiens aus.

Später, im 17. Jahrhundert, zur Zeit der höchsten Blüte des Mogulreichs, erkannte der muslimische Prinz Dārā Shiko, wie sehr der Hinduismus einem Einheitsprinzip zuneigte und daß es zwischen dem Islam und der Botschaft der Upanischaden keine unüberwindbare Kluft gibt. Er war der älteste Sohn von Shah Jehan, dem Kaiser, der das Taj Mahal zur Erinnerung an seine geliebte Frau, die unvergessene Mumtaz Mahal, errichten ließ, die im Kindbett gestorben war. Er schrieb den *Zusammenfluß der beiden Ozeane*, einen Text von einer Aufgeschlossenheit, der in der Geschichte der Religionen seinesgleichen sucht. Sein jüngerer Bruder, der grausame Aurangzeb, ahnte, welche Gefahr dieses Werk für eine Macht bedeuten würde, die er unterdrücken mußte, um herrschen zu können, und ließ Dārā Shiko am 10. September 1659 in Delhi hinrichten – ein weiterer Beweis dafür, wie sehr die Mystik die Mächtigen in Unruhe versetzt.

Goldener Tempel. Amritsar.
Nachfolgende Doppelseite: Wächter des Goldenen Tempels. Amritsar.

Blumenmarkt. Kalkutta.
Rechte Seite: Der Fluß Hooghly. Kalkutta.

Muslimische Inder und Hindus haben mehr gemeinsam, als sie glauben. Die Schwingungen der indischen Erde sind so stark, daß sie im Hinblick auf die Rhythmen des Lebens ähnliche Verhaltensweisen hervorbringen. Da sich die Bevölkerung Indiens immer schon in Gemeinschaften organisiert hat, stellt sich das Zusammenleben unterschiedlicher Religionen oder Abstammungen nicht in der gleichen Weise dar wie auf christlichem oder islamischem Boden. Allerdings wirken die Spannungen mit Pakistan über den indischen Bundesstaat Kaschmir und der Aufstieg der Fundamentalisten an beiden Rändern bedrohlich, und man fragt sich besorgt, ob die großzügigen Arme von *Mutter Indien* wieder einmal weit genug reichen werden.

Keine Kultur auf der Welt hat sich für religiöse Phänomene als so empfänglich erwiesen wie die indische, die selbst die unterschiedlichsten Formen hervorgebracht oder in sich aufgenommen hat. Daß die Beziehungen zwischen diesen immer noch im Fluß sind, hat die Anhänger einheitlicher Prinzipien stets verwirrt.

Auf diesem Subkontinent, wo der Geist der Klassifizierung und der logische Geist ihre äußersten Grenzen ausgelotet haben, existiert auch angesichts der vielfältigen Aspekte der Wirklichkeit eine Flexibilität, die aus jedem Philosophen oder Weisen einen Traumtänzer macht.

Da die Natur des Menschen einmalig ist, sind alle
Menschen gleich, obwohl sie aufgrund verschiedener Einflüsse
Auch verschieden zu sein scheinen.

Guru Nānak.

Geh nicht in den Blumengarten!
Mein Freund, nein, geh nicht hin.
In dir selbst ist ja der Blumengarten.

Kabīr

 Rechte Seite: Scheiterhaufen. Gujarat.

Reisen

In Indien zu reisen bedeutet auch einen inneren Aufruhr: Fäulnisgestank und Jasmindüfte, läuterndes Feuer und Elendsquartiere, lodernde Farbe der Saris, ganze Trauben von Körpern, langsam gen Jenseits steigender Rauch, glühende Wege zwischen den roten Felsen, gedehnte Klänge: »Woher kommst du? Wer bist du? Gib, wenn du schon etwas hast!« Aber ja, wer bin ich, wenn doch die Bezüge verloren gegangen sind, auf denen meine Identität beruht? Niemals so viele lächelnde Lippen, so viele Vögel, Götter, Wartereien, Hände, Abfälle, Früchte, so viele Gefahren, so viel Zartheit, so viel Blut im Abendhimmel, so viele schwarze Augen mit sezierendem Blick, so viele Endpunkte. Im vanillefarbenen Morgenlicht begeben sich Schülerinnen, wie aus dem Ei gepellt, tanzend zu den Rezitationen unter dem Baum, die Kühe schreiten daher wie die Philosophen, die Achsen der Fuhrwerke quietschen, ein Lichtreflex huscht über den Fluß und erlöscht nicht und wird nicht erlöschen.

Das Rad heißt *cakrā*, und in unserem Körper befinden sich sechs Zentren, aus denen die Energie der *kuṇḍalini* emporsteigt. Ein siebtes *cakrā*, unterhalb des Kopfes (*sahasrāra*), ist von lodernder Farbe. Wenn es durch das Reisen in Indien – vielleicht auch nur ein wenig – in Bewegung gesetzt wird, kann es sogar das Kauen der Schaben in den schmuddeligen Räumen einer uninteressanten Stadt zu etwas Schönem machen (notwendige Initiation).

Es gibt keine Wahl zwischen einer Nacht in einem Palast, zwei Nächten auf einer Holzbank in den überfüllten Zügen, die den Reisenden vom Ganges ins Land der Draviden bringen, drei unter freiem Himmel oder sieben in einem Aschram; man muß es so machen, wie Indien es mit seinen Göttern hält, und einfach eines dem anderen hinzufügen. Reisen in Indien hat die Aufgabe, das Bewußtsein zu erweitern. Das Elend mit seinen Appellen an das Mitgefühl oder seinen Aufrufen zur Revolte, der Geist der Kindheit (die Morgendämmerung), die vielen Arme oder die von der Angst befreite Weisheit öffnen in uns bis dahin unbewohnte Kammern. »Geh bis zum äußersten, denn dort ist die Wahrheit.« (William Blake).

Welche Wohltat, sich vor dem Unbegreiflichen zu befinden! Nicht durch alte Blicke neue Realitäten verschleiern, die uns sprachlos machen. Schauen, lauschen. Warten. Unser Unbewußtes ist scharfsichtig genug, um mit der Fülle verwirrender Bilder allein fertig zu werden.

Zeit haben. Eile ist ein Hindernis, Offensein eine Quelle für Entdeckungen. Beispiel: Sie nehmen einen *Passenger*, den langsamsten Zug, den man sich vorstellen kann, in der Absicht, eine große Bahnlinie zu erreichen, auf der ein schnellerer Zug verkehrt, ein *Express* oder ein *Mail*. Wegen dreistündiger Verspätung verpassen Sie den Anschluß. Nun haben Sie einen verlorenen Tag in einer Stadt, in der es *nichts* zu sehen gibt. Ein wahrer Glücksfall! Denn jedes Teilchen des Nichts enthält das ganze Universum. Nachdem Sie Ihre Verärgerung durch einen ziellosen Bummel durch die Straßen dieser Stadt gezügelt haben, zieht ein Mann Ihre Aufmerksamkeit auf sich. Er lädt Sie zu sich nach Hause ein. Kleines Haus mit einer verdutzten Frau, mit Kindern, die begeistert sind, weil nun das Kino zu ihnen ins Haus kommt, und einem Großvater, der sich in eine frühere Zeit zurückversetzt fühlt. Nach ein paar belanglosen Worten ein Moment der Stille. Die ganze Familie sitzt am Boden, die Augen starr auf den Gesandten gerichtet. Verwundert fragen Sie sich: Wer sind diese Leute? Wie ist dieses Leben, das zwischen Ihnen selbst und ihnen pulsiert, ein gleicher Atem in der Stille, wenn die Art, sich zu lieben, zu arbeiten oder zu sterben sich doch so unterschiedlich sind? Und zum ersten Mal spüren Sie die Freiheit, sich selbst fremd zu werden.

Dann, das Taj Mahal, Elephanta, Khajuraho, Udaipur oder Madurai, das ist gut, doch, aber …

Alles in Indien ist Allegorie,
Doch wer wird sie uns entschlüsseln?

J.-B. Le Gentil
Voyage dans les mers de l'Inde, fait par ordre du Roi de 1761 à 1769.

Rezept mit Angaben zur richtigen Dosierung: In der Landschaft spazierengehen (mindestens zehn Stunden lang), meditieren (ebenso lange), beten, schimpfen, feiern, weinen, sich materialistischer zeigen als die *cārvākā* (wenigstens einmal), die Nacht in einem Zug verbringen (dreimal), Durst haben, Hunger haben, warten (unbestimmte Dauer), Śivas Feuer, die heiligen Wasser, die *yoni*, den *liṅgam* berühren.

lieben,

feilschen (tausendundeinmal), nicht feilschen (nicht mehr als zweimal), eine Unberührbare auf den Schultern tragen, ein Baby füttern, Gangeswasser trinken (ein paar Tropfen genügen), Mulligatawny-Suppen trinken, ohne zu weinen, zwei Tage lang schweigen, in einem Maharaja-Palast übernachten (ein- bis fünfmal), rote Felsen betrachten, singen, auf das Morgengrauen warten, auf nichts warten …

Nachfolgende Doppelseite: Ambulanter Barbier. Karnataka.

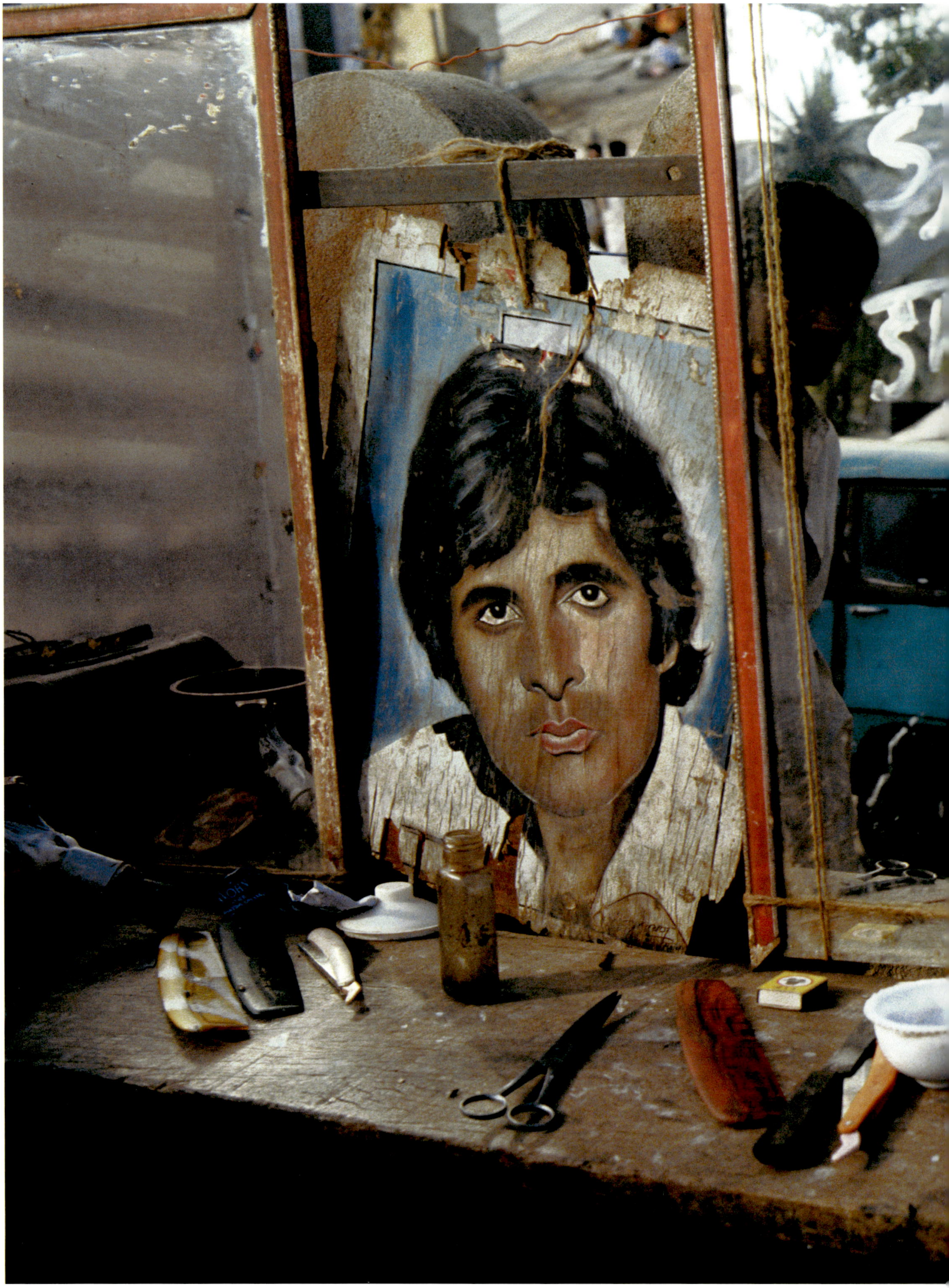

Bahnsteig. Kalkutta.
Rechte Seite: Muslimpilger.

»Warum bleibst du hier? Hier gibt es nichts zu sehen. Der Tempel ist da unten.«
»Ich betrachte das Licht auf den Bäumen.«
»Du . . .?«
Ich wiederhole es, doch es läßt sich nicht ins Gujarati übersetzen.

Der Reisende wird häufiger im Freien Tee trinken, im Stehen oder auf
wackligen Bänken sitzend. Er wird neben sich Trinkgenossen haben,
und er kennt das Band, das sich zwischen ihnen herausbildet.
Vor seinen Augen läuft das Schauspiel der indischen Straße ab,
und er weiß, daß es voller Philosophie ist.
Er ist darauf bedacht, seinen Tee langsam zu trinken
und einen Sinn für die Gesten zu entwickeln.

Manchmal sind die antiken Skulpturen noch ganz neu,
während ein vor vier Jahren gebautes Haus alt ist.

Der Mahaut läßt den Elefanten urinieren (was für eine Sturzflut!) und den Darm entleeren, bevor er ihn zum Eingang des Tempels führt, damit er dort mit seinem Rüssel Rupien aufsammelt. Mit einer eleganten Bewegung des Rüssels über dem Kopf des Spenders segnet er diesen und überreicht dann die Münze seinem Herrn.

Vorteil des Elefanten gegenüber den Spielautomaten: Man erhält bei jedem Einsatz einen Segen. Doch künftige Generationen werden den Maschinen den Vorzug geben.

Der Goldene Tempel von Amritsar, der heiligen Stadt der Sikhs. 1984 war er Schauplatz gewalttätiger Auseinandersetzungen. Die Wasserbassins, der Glanz, der Marmor, das Kupfer, das Gold, die Spiegel, das Perlmutt oder die Lapislazuli dieses palastartigen Tempels, in dem man so freundlich empfangen wird, lassen das geflossene Blut vergessen und verleiten dazu, die Macht, die der Schönheit gegeben ist, damit sie den Tod bändigt, durch das orangefarbene Karneol zu betrachten.

Rechte Seite: Teepause. Andhra Pradesh.
Vorhergehende Doppelseite: Pilgermenge. Allahabad.

Le Corbusiers Katastrophe in Chandigarh mit den rechtwinklig angelegten Straßen und den unwohnlichen Häusern symbolisiert eine der Katastrophen des 20. Jahrhunderts, nämlich die Weigerung, auf die Windungen des Wirklichen und die Natur der Menschen Rücksicht zu nehmen.

An der Hindu-Universität von Benares ein ganzer Saal voller schweigender Jugendlicher an Computern. Derselbe Geist wie in Berkeley oder Toulouse? Nein. Nur ein Teil des Gehirns grast im weltweiten Netz auf markierten Weiden, im anderen Teil wohnen noch die Mythen.

Das entwickelte Indien wird kein Abklatsch des Westens sein.

Es gibt einen einzigen Fluß,
der durch alle kleinen Dörfer Indiens fließt,
und in dieser unter freiem Himmel
fließenden Kloake sammeln sich die Abfälle.
Jeder wäscht und erleichtert sich dort.
Trotzdem wird man den Kot, den Rotz, die Begierden
oder die bösen Gedanken nicht verstecken.
Man wird das Unbewußte aufdecken.
Das ist der *Geruch von Indien*.

»Wird ein Europäer nach seine Rückkehr über Indien ausgefragt, so antwortet er unverzüglich: ›Ich habe Madras gesehen, ich habe dies gesehen, ich habe das gesehen.‹
Aber nein doch, er ist gesehen worden,
viel mehr noch als er selbst gesehen hat.«

Henri Michaux, Ein Barbar in Asien

Indiens Bahnhöfe sind wie die *cakrā*, die Energiezentren, die durch ein Netz miteinander verbunden und über den Körper verteilt sind. Die »Energie« einiger Bahnhöfe ist unumstritten: Kalkutta, Bombay, Benares, Simla oder der südlichste, der auf drei Ozeane blickt, in Kannya Kumari oder Kap Comorin. Andere sind diskreter wie der von Nalanda, wo nur ein einziger Zug pro Tag einläuft – in jene Stadt, die einmal das Oxford des indischen Buddhismus war und von deren Blüte nur noch Ziegelhaufen künden, und, verloren in einer Nische, ein wachender Buddha. Hier kann man sich gefahrlos auf den Gleisen zur Ruhe betten.

In den größeren Bahnhöfen trifft man immer Familien an, die auf dem Boden schlafen. Eine Familie wie ein einziger Körper. Die Mutter, an deren Brust das Letztgeborene hängt; der Vater, weißgekleidet, auf dem Rücken liegend, eine ruhende Gestalt aus Marmor; der Großvater, fast schon eine Mumie; vier, fünf Kinder, verteilt in den Falten der Decken, horizontale Basreliefs eines Bildhauers, der schon bei einer anderen Gruppe beschäftigt ist, die weniger gedrängt und mit gerundetem Rücken daliegt, während etwas weiter entfernt mehrere Familien aus einer *jāti* schweigend Weizenfladen kauen, aus denen eine gelbliche Sauce tropft, ein Lichtstreifen, der Pinselstrich eines Malers.

Auf den abgelegeneren Bahnsteigen herrschen die Ratten, zudringliche Burschen und bisweilen ein Diogenes, den der mit den pustelbedeckten Säuglingen bereits überbeschäftigte Tod vergessen hat.

Wie viele Orte habe ich in dreißig Jahren
unter dem Ansturm der Touristen
zusammenbrechen sehen, angefangen von Hampi, Jaisalmer, Jaipur, Khajuraho, Konarak, Mahabalipuram! Es bleiben viele vergessene Stätten, die ein Gebet verdienen.

Einige sind nur durch ein Wäldchen abgeschirmt. *Pssst!*

In dem Zug, der zwischen Vizianagaram und Raipur dahinkriecht, fragt mich mein Nachbar, ein Mann aus einer *jāti* von Händlern, der gut Englisch spricht, ob ich in meinem Land Brahmane sei. Ich verneine und füge hinzu, daß es in Europa keine Kasten gibt. Er ist so verdattert, daß er seine Frage noch einmal stellt. Ich bleibe bei meiner Antwort. Inzwischen ist sein Nachbar neugierig geworden und fragt ihn, um was es gehe. »Keine Kasten in Europa!« wiederholt er ungläubig. Zur allgemeinen Verwunderung macht diese Information dann die Runde durch den ganzen Waggon.

Fischerboote. Kerala.
Rechte Seite: Fischer.

Das Verschwinden der heiligen Tänze aus den Tempeln ist ein unersetzlicher Verlust. Wenn man von den Tänzen absieht, die für Touristen aufgeführt werden und ihren eigentlichen Sinn verloren haben, bleibt einem nur, mitzuerleben, wie vor einem indischen Publikum getanzt wird.

Aus der Zeit einer meiner ersten Reisen nach Indien stammt folgender Bericht:

»Zwischen ihren Beinen spreizt sich das Gewand der Tänzerin wie ein Fächer, schließt sich, öffnet sich wieder, ein heiliges Atmen. Erotik, gewiß, aber eine indirekte, auf eine andere Ebene verlagerte Erotik. Die Inderinnen, Tänzerinnen oder nicht, sind sehr darauf bedacht, ihr Geschlecht zu schützen. Sie wissen, daß diese Quelle kostbar und nicht für Blicke geschaffen ist. Was sie nicht im geringsten daran hindert, die Quelle durch ihre Gebärden, mit Schalk oder einem Hauch nackter Haut auf der Höhe des Bauches neu zu schaffen.

Unter dem Einfluß einer bürgerlichen Gesellschaft erlebte man im 19. Jahrhundert eine Periode heuchlerischer Prüderie; unter dem Einfluß der Kommerzgesellschaft durchleben wir jetzt eine Ära der obszönen Abreaktion. Wann wird man zur heiligen Erotik zurückkehren?

Die Tänzerin nimmt eine sehr schwierige Positur ein, um Kṛṣṇa darzustellen, wie er in der Absicht, die *gopī* zu verführen, die Flöte spielt. Die Zuschauer halten den Atem an und klatschen dann fröhlich Beifall. Mein Nachbar beugt sich zu mir, um mir Erklärungen zu geben, auf die ich gern verzichten würde. Während einer Pause zwischen zwei Tänzen hole ich, auch um mich seinem Geschwätz zu entziehen, ein Stück Papier hervor und schreibe: *Der heilige Tanz ist unwiderstehlich. Priester, treue Ehemänner, Mönche, Swamis, Asketen, ja selbst der Papst und der Kaiser von Japan werden, wenn sie der Verführungskunst einer indischen Tänzerin erliegen, von ihrem Keuschheits- oder Treuegelöbnis entbunden.*

Mein aufdringlicher Nachbar fragt, was ich schreibe.

... Ein Edikt.

Aufs neue erschafft die Tänzerin eine Welt. Die Musik, die sie mehr einhüllt als lenkt, wird außer von den Musikern von der Tänzerin selbst erzeugt durch das Klirren ihrer Schmuckstücke an den Handgelenken und Fußknöcheln. Es ist eine Musik des Zufalls.

Warum die Bußfertigkeit in die Religion bringen,
wenn man dort doch die Kunst benötigt?

Aus: La Tentation des Indes

In den verwestlichten Aschrams werden Konfitüren der Marke »Höchste Liebe«, angeboten. Nichts dergleichen in den traditionellen Zentren wie den *maṭh*, in denen die Veden vorwärts und rückwärts gelernt werden. Es geht nicht darum, seinen Nächsten zu lieben, sondern den Weg zur Einswerdung mit der Gottheit zu finden.

Der Reiz des flachen Landes beruht auf der Begegnung eines gewissen Dilettantismus mit tief verwurzelten Sitten, und das ist ein zutiefst aristokratischer Charme. Diese Bauern sind Herren. Sie müssen nichts beweisen – sie *sind*. Die zu unserem Treffen kommen, erniedrigen sie sich nicht und äffen uns nicht nach, wie es die jungen Leute in den Städten tun.

In den Städten oder an den Touristenorten werden die Inder von dem Wunsch nach jenen Dingen gepeinigt, die sie nicht haben – eine Sorge, die uns nur allzu vertraut ist.

Der Sinn des Lebens gehört zu den üblichen Gesprächsthemen wie anderswo der Fernsehfilm vom Vortag oder das Programm für die Zeit nach Feierabend. In einem Zug zwischen Benares und Mathura kommt mein Nachbar im Liegewagen erster Klasse, ein dicklicher Typ, nach drei albernen Bemerkungen über Frankreich und die Vereinigten Staaten gleich zur Sache: »Sagen Sie mir, mein Herr, welches Ziel verfolgt Ihrer Meinung nach der Mensch auf Erden?« Das war der Auftakt zu einem langen philosophischen Abend. Oder: Am Rand des Bassins einer Tempelanlage setzt sich ein Brahmane mit nacktem Oberkörper neben mich: »Wie können Sie an die Auferstehung des Fleisches glauben?« In einem anderen, dieses Mal überfüllten Zug, bombardiert mich eine ganze Traube von Jugendlichen mit Fragen wie: »Hat Gott eine Frau? Was tun Sie für Ihre Läuterung? Wieviel kostet Ihre Uhr? Was ist das Paradies? Haben Sie Füllfederhalter?«

Die Reisenden, die im 17. und 18. Jahrhundert aus dem Westen nach Indien kamen, hatten es leicht, Indien kennenzulernen, denn als sie dort an Land gingen, fanden sie viele ihnen wohlbekannte Aspekte des ländlichen Lebens wieder, angesichts deren wir Heutigen in Verzückung geraten: Etwa, daß die Religion die Rhythmen des Alltagslebens bestimmt, die Bedeutung der Feste, die Autarkie der Dörfer, der Platz der Frauen und der Kinder, der Mann am Pflug, und nicht zu vergessen: die Samariterin am Brunnen.

 Segelboothafen.

UMR 252

In Shravanabelagola ragt die Statue eines Jaina-Heiligen, Bahubali, auf, die eine der höchsten Statuen der Welt sein dürfte. Siebzehn Meter, um Gelassenheit auszudrücken, das ist viel, wenn man an ihrem Fuße steht. Danach, in der Erinnerung, schrumpft die Masse zusammen. Es bleibt die Chance für den Menschen, stehend, nackt, die Arme am Körper anliegend, Leidenschaften und Schlangen die Stirn zu bieten, ohne mit der Wimper zu zucken.

In den Jaina-Tempeln auf dem Mount Abu
wird der Stein zur filigranen Spitze.

Muß man sich für ein Fest schmücken?
Für das Fest der Entsagung.

Rajgir. Während der Regenzeit liebte es der Buddha besonders, sich auf den Gipfel der Geier, in Rajgir, einer bergigen und waldigen Gegend, zurückzuziehen. Dort befindet sich der wahrscheinlich schönste Ort des »Buddhalandes«. Nach einem langen Weg, der sich um den Felsvorsprung windet, kann der Blick über eine unberührte Gegend schweifen. Soweit das Auge reicht, bewaldete Hügel. Man ahnt bei Pflanzen und Tieren einen zähen Kampf ums Überleben. Plötzlich ertönt aus der Ebene ein Gong. Er kommt aus einem japanischen Kloster, in dem graugewandete Bonzinnen leben. Eine von ihnen füttert eine wilde Katze, die sich dann mit gleichgültiger Miene entfernt. Die Frau säubert den Teller. Ist sie bereit, auch mir etwas zu essen zu geben? Und ob! Sie schenkt mir ein Lächeln, mit dem man den Mächten der Nacht entgegentreten kann.

Da die Versuchung nicht zum Rendezvous erscheint, wende ich mich dem Bambusgarten zu, den der Buddha so liebte. Tausende Blätter rascheln im Wind und lassen das Licht erzittern. Am Himmel verfolgen sich die Vögel und stoßen dabei Liebesworte aus. Die Bambushalme wiederholen immer wieder die komplexeste Botschaft des Buddhismus: Die Schöpfung zu lieben, indem man sich ganz von ihrem Einfluß befreit.

Vorhergehende Doppelseite: Bau eines Segelbootes. Kerala.

Das Museum in Madras (Chennai) ist berühmt für seine Bronzestatuen des tanzenden Śiva und für die einer älteren Kunstepoche entstammende Geschichte des Buddha, wie sie die Skulpturen von Amaravati erzählen. Dort findet man auch Gedenksteine zur Erinnerung an jene Frauen, die sich in den brennenden Scheiterhaufen ihres Gemahls warfen (*satī*). Das rechte Handgelenk der Frau ist mit Armreifen geschmückt, die darauf hinweisen, daß sie die Frau eines noch lebenden Mannes und nicht eine Witwe ist, denn da der Status einer Witwe erbärmlich ist, hat sie sich mit ihrem Mann wieder vereinigt. Die westlichen Reisenden, die solchen Opfern beiwohnten, bevor sie verboten wurden, hatten Mühe, ihre Faszination hinter der Maske der Mißbilligung zu verbergen.

Am Ausgang des Museums ein Gespräch mit einem Mann, der zwar abgetragene Kleider trägt, aber gebildet und zugleich traurig wirkt. Die Themen: Der Zustand der Welt, die Teufelei des Fernsehens, die Notwendigkeit der Kasten. Und dann rät er mir, von Madras aus sieben oder acht Zugstunden nach Osten zu fahren, um eine Stadt zu besuchen, die verblüfft wegen ihrer . . ., und es folgt irgendein unverständliches Wort. Hastig kritzelt er die Abfahrtzeiten des Zuges auf, ergänzt um ganz präzise Anschlüsse. Und er entfernt sich auf eine Art, die ebenso unverständlich ist wie seine Auslassungen über die Frage, inwiefern das Ziel, das er mir empfiehlt, von Interesse sein sollte.

In diesem Monat hatte ich noch Zeit.

Am nächsten Tag stelle ich im Zug fest, daß seine Informationen über die Fahrpläne und die Anschlüsse stimmen. Bin ich am Ende selbst die Utopie? Am Abend finde ich in dieser Stadt, die in keinem Reiseführer genannt wird, ein fensterloses Zimmer in einem schmuddeligen »Hotel«. Weil ich meine Ignoranz in bezug auf mein Ziel kaschieren will, frage ich den Wirt aufs Geratewohl: »Wo ist es? Wie lange muß man zu Fuß gehen?« »Zehn Minuten«, antwortet er mit einer unbestimmten, matten Geste. Abendessen in einem Lokal im Freien, wo es mir auch nicht gelingt, herauszufinden, welche besondere Sehenswürdigkeit dieser Ort besitzt. Man erzählt mir etwas von einem Tempel auf einem Hügel, von einer segenbringenden Statue und von einer Weihrauchfabrik. Am Tag darauf, welche Enttäuschungen! Ich wollte mir schon einreden, der gebildete Mann im Museum von Madras habe mir einfach zu verstehen geben wollen, daß der Weg das Ziel sei. Aber dann wäre der Unbekannte ja ein Lehrer gewesen, der wußte, wie sehr bei mir – bei uns – die Spannung auf ein bewußtes Ziel hin übertrieben wird. Eine schmeichelhafte Erklärung, die ich verwerfe, weil sich wieder Skepsis breitmacht. Eine andere Hypothese: Der Mann hat mich tatsächlich hierher geschickt, damit ich etwas sehe, doch da mich nichts interessiert, kann ich insofern davon profitieren, daß ich eine Lektion erteilt bekomme, das Resultat eines Mißverständnisses. Alles, was mich widerspenstig macht, kann man auch gegen den Strich bürsten.

Eine weitere abscheuliche Nacht und eine weitere Übung in Geduld angesichts der Hitze, des Lärms, der Insekten. Ich stehe vor dem Morgengrauen auf und fahre mit dem Fahrrad ein paar Kilometer hinaus in ein Chaos aus Granit, von wo aus der Sonnenaufgang die Ebene vor mir ausrollt. Befreit von meiner Suche, radle ich friedlich zwischen den Reisfeldern herum, durchquere Dörfer und schlage zur Marktstunde wieder den Weg zur Stadt ein.

Traditionelle Salbung.
Rechte Seite: Shravanabelagola, Karnataka.

Am frühen Nachmittag kehre ich zu den Felsenhaufen zurück. Ich begegne drei jungen Männern, die ebenfalls mit dem Fahrrad unterwegs sind. Aus Spaß rufe ich ihnen zu: »Wo ist es?« Sie antworten: »Folgen Sie uns!« Nach einer Weile stellen wir die Fahrräder ab und klettern eine Felswand hoch. »Sie interessieren sich also für unsere Höhlen?« fragen sie mich nach unzähligen anderen Fragen. Hier ist der Eingang zu einem schlauchartigen Gang, durch den man auf allen vieren hindurchkriechen muß. »Haben Sie keine Taschenlampe dabei?« fragt mich Vinayak, der sich weigert, mir seine zu geben. Er wird mich begleiten, während die beiden anderen Jungen draußen warten. Ich vertraue ihnen meinen Rucksack an. Nach zwei Räumen, die je eine Śiva-Figur enthalten, und einem langen Gang mit Abzweigungen, dringen wir in eine größere Kammer ein; sie ist geschmückt mit einem Felsbild, das eine Girlande kleiner, etwa fünfzig Zentimeter hoher menschlicher Gestalten zeigt, deren Körper, einer Sanduhr ähnlich, aus zwei Dreiecken besteht, die Gliedmaßen aus Stöckchen. »Warten Sie!« sage ich zu dem Jungen, der mich gleich weiterziehen möchte. Diese menschlichen Wesen laden zur Betrachtung ein. Über ihnen, wie mit der Schablone gemalt, ein Mann auf einem Büffel. Diese Malereien haben nichts Hinduistisches an sich; es handelt sich entweder um einen Scherz oder um ein Augenzwinkern prähistorischer Ahnen, die ihr Menschsein entdeckten. Immer noch in Eile, führt Vinayak mich in einen neuen Raum und dann in noch einen. Wir klettern nach unten, durch einen weiteren Schlauch und gelangen in einen Raum, in dem er tastend nach einem Ausgang sucht, den er nicht findet. Wir bewegen uns an einer Wand entlang und kommen, auf allen vieren kriechend, in eine weitere Kammer, in der ich einen bösen Zauber ahne. »Gehen wir hinaus«, sage ich zu ihm. Ohne zu antworten, verschwindet Vinayak in einer Spalte. Will er mich abhängen? Er läßt mir in diesem Labyrinth mit meinen Streichhölzern kaum eine Chance. Ich rufe ihm aufs Geratewohl einen passenden Satz nach: »Freunde erwarten mich. Wenn sie mich nicht sehen, werden sie mich suchen.« Schweigen. Die Schwärze wird zum Schraubstock. Dann, ein Licht auf der anderen Seite, Vinayak taucht wieder auf. Ich spüre, daß er seinerseits unruhig ist. Wir kehren auf demselben Weg zurück. Ich erkenne einen Raum wieder, den wir durchquert haben. »Hinterlassen wir Spuren«, sage ich zu ihm. Er hört nicht, sucht weiter wie ein gehetztes Tier. Ich fürchte jetzt keine Falle mehr, ich fürchte mich nur vor der Dummheit. Wir irren planlos hin und her. Wir bewegen uns in einem Kreis, der keinen Ausgang für uns bereithält. Meine Wut wächst. Er entwischt wieder durch eine Öffnung. Sein Lichtstrahl läßt in einer Nische ein neues Gemälde eines stehenden Mannes mit langen Gliedmaßen auftauchen. »Das ist gut«, sagt er, ohne mir die Zeit zu lassen, das Werk zu betrachten, das wieder in der Nacht versinkt. Wir irren noch fünf Minuten umher, klettern eine Art Weg hinauf und befinden uns plötzlich wieder in dem Raum mit den dreieckigen Figuren. Ich bitte Vinayak, seine Lampe auf die Malereien zu richten. Mit einer lässigen Geste läßt er einen Lichtstrahl über die Wand huschen, als gelte es, einen Flecken auszuradieren. Die Figürchen hüpfen und verschwinden wieder im Fels.

Unter dem Feuer der Sonne, draußen, wirft Vinayak seinen Freunden einen Satz auf Tamil zu. Sagt er, daß wir uns verirrt haben oder daß er nicht gewagt hat, mich im Stich zu lassen? Ich lache, ein Lachen, dessen Unschuld sich den Jungen mitteilt. Sie sind verblüfft, ich auch.

Andere Zeugnisse

Robert Challes, 1690:

»Ich beschreibe also das, was ich gesehen habe und wovon ich nicht weiß,
wie ich es ausdrücken soll.

In der Ecke eines Teiches, keine zwei Schußweit vom Fort (von Pondicherry) entfernt, erhebt sich zwischen mehreren Bäumen ein etwa acht Zoll hohes Stück Holz, das die Quelle des Menschengeschlechts im Naturzustand repräsentiert. Es ist auf einen zwei Fuß hohen Würfel gestellt und läßt sich mit der Hand hochheben; es handelt sich, man muß es sagen, um das, was die Libertins *godemiché* nennen. Dieser ist aus nacktem Holz und weder mit Satin noch mit etwas anderem überzogen, was sich weich anfühlt, wie man es denen nachsagt, deren sich die jungen Mädchen und die wider Willen keuschen Witwen und vor allem die Nonnen bedienen. Dieser hier ist schlicht aus Holz und hat nichts darüber. Er ist an seinen Würfel gekettet und steht auf seinen Testikeln, die ihm als Basis dienen. Diesem Priapus übergeben die Leute ihre unfruchtbaren Frauen, damit diese eine gewisse Stelle ihres Körpers, die ich nicht näher zu benennen brauche, an ihm reiben, denn dies mache sie, so heißt es, fruchtbar. Unsere Europäerinnen sind da pfiffiger und wissen: Das Original taugt allemal mehr als die Kopie.«

Aus: Journal d'un Voyage en Inde

Louis de Féderbe de Modave, 1773–1776

»Unterdessen erschien die Frau auf einem kleinen Pferd sitzend, gefolgt von einer ganzen Prozession. Ihre Verwandten und die ihres Mannes umringten sie ebenso wie einige Musiker mit ihren Instrumenten. Sie hielt unter einem Baum an, von wo ich sie aufmerksam betrachtete. Sie stand gegenüber vom Scheiterhaufen und sprach mit denjenigen, die um sie herumstanden. Sie erkundigte sich, auf welcher Seite der Teich lag, in dem sie ihre Waschungen vornehmen mußte, und sobald man ihn ihr gezeigt hatte, trieb sie ihr Pferd an und ritt dorthin.

Man hatte ihren Sohn so aufgestellt, daß sie ihn nicht sehen konnte. Man ließ ihn an den Scheiterhaufen herantreten. Dorthin trug man den Leichnam seines Vaters auf einer mit kleinen Fähnchen geschmückten Bahre. Die Leiche war in ein hellgelbes Seidentuch gehüllt. Der Sohn begann mit den Zeremonien an den Strohballen und am Wasser. Dann stellte er einige mit Reis und ein paar anderen Speisen gefüllte Teller neben den Leichnam und kehrte an seinen ursprünglichen Platz zurück. Daraufhin legte man den Körper des Toten auf die eine Seite der Nische.

Unterdessen kam die Frau vom Teich zurück und ritt auf den Scheiterhaufen zu. Ich befand mich neben ihr. Sie hielt an, nahm das Kaschmirtuch, das sie um den Kopf trug, ab und zog aus ihrer Tasche ein Betelblatt und einige Kardamomsamen und aß sie, während sie sich mit ihren Bekannten unterhielt.

Sie verlangte zweimal nach Wasser und trank davon. Dann sagte sie, daß sie sich auf den Scheiterhaufen begeben wolle. Mehrere Personen halfen ihr vom Pferd herunter, und man führte sie in die Nische, wo sie sich neben ihren toten Gemahl setzte.

Dann versperrte man den Eingang mit Holzscheiten, die man quer zu den Strohballen aufgeschichtet hatte. Danach brachte man das Kind herbei und gab ihm eine brennende Fackel; nachdem es um den Scheiterhaufen herumgegangen war, entzündete es eine Seite, und in demselben Augenblick führten andere Verwandte dieselbe Zeremonie durch, so daß das ganze Stroh im Nu entflammt war. Ich vergaß zu sagen, daß in dem Moment, als die Frau den Scheiterhaufen besteigen wollte, Choupdars [= hohe Beamte, Anm. Übers.] des Nabob an sie herantraten, um mit ihr zu sprechen, doch die Leute aus Kaschmir stießen sie unter großem Protestgeschrei zurück. Sobald der Scheiterhaufen in Flammen stand, begannen alle diese Heiden, Schreie ausstoßend, ihn zu umkreisen. Die Musikinstrumente gingen in diesem Höllenlärm fast unter.

Ich bemerkte, daß auch zwei oder drei Mädchen, die drei oder vier Jahre alt sein mochten, auf den Armen einiger Dienerinnen um den Scheiterhaufen herumgetragen wurden; ihnen wird eines Tages wahrscheinlich dasselbe Schicksal blühen. Von den Bewegungen der Frau konnte ich nichts erkennen, da die Flammen und der Rauch mir die Sicht raubten. Doch sieben oder acht Minuten, nachdem man ihn entzündet hatte, hielt sie einer meiner Männer, die ich so nahe wie möglich an sie heran geschickt hatte, für tot, und ich glaube, daß sie nach wenigen Augenblicken erstickt war. Das Kind hatte man, sobald es seine Aufgabe erfüllt hatte, weggeführt. Die Zuschauermenge verstreute sich unmerklich. Ich selbst verließ den Schauplatz nach zwei Stunden, als der Scheiterhaufen nur noch vor sich hin glomm. Das Feuer war genau zur Mittagsstunde entfacht worden.

Dieses grauenhafte Spektakel beschäftigte mich so sehr, daß ich zwei Tage lang an nichts anderes denken konnte. Das Bild dieser Frau hat sich so tief in mein Gedächtnis eingegraben, daß es niemals ausgelöscht werden kann. Sie zeigte sich weder bekümmert noch beunruhigt und ließ alle diese grauenhaften Zeremonien über sich ergehen, als handele es sich um die gleichgültigste Sache der Welt.«

Aus: Voyage en Inde du Comte de Mondave

Rudyard Kipling, 1901

»Wer in die Berge geht, geht zur Mutter.«

Sie hatten die Sewaliks durchquert und die halbtropische Doon, Mussoorie im Rücken gelassen und strebten nordwärts auf den schmalen Gebirgswegen. Tag um Tag gerieten sie tiefer in die gedrängten Berge, und Tag um Tag sah Kim mit an, wie Manneskraft im Lama wuchs. In den Terrassen der Doon hatte er auf der Schulter des Knaben gelehnt, bereit, jede Rast am Wege zu nutzen. Vor dem großen Aufstieg nach Mussoorie riß er sich zusammen wie ein alter Jäger, der vertrautes Revier sichtet, und statt erschöpft hinzusinken, schwang er die langen Gewänder um sich, tat mit beiden Lungen tiefen Zug in

 Vorhergehende Doppelseite: Scheiterhaufen. Ayodhya, Uttar Pradesh.

der diamantklaren Luft und schritt aus, wie nur ein Gebirgler es kann. Kim, im Flachland geboren, im Flachland gewachsen, schwitzte und keuchte verwundet. »Das ist *mein* Land«, sagte der Lama. »Neben Such-zen ist dies flacher als Reisland.« Und mit stets ausgreifenden Schritten aus den Lenden heraus strebte er aufwärts. Aber beim steilen Abstieg, dreitausend Fuß in drei Stunden, lief er vollends weg von Kim, dem der Rücken vom Einhalten schmerzte und die große Zehe fast abgeschnitten wurde von der Bastschnur seiner Sandale. Durch die schattengetigerten riesigen Deodarforste, durch farrengefiederte Eigenwälder, durch Birken, Steineichen, Rhododendren und Kiefern, hinauf auf sonnverbranntes schlüpfriges Gras der kahlen Gesenke und wieder in Waldkühle hinein, bis die Eiche wich vor Bambus und Palme des Tals, schwang der Lama unermüdlich die Beine.

Zurückblickend im Zwielicht auf die mächtigen Kämme hinter ihm und den schwachen, dünnen Faden des Wegs, den sie gekommen waren, entwarf er alsbald, mit dem unternehmenden Weitblick des Gebirglers, neue Märsche für den Morgen; oder er hielt auf dem Joch einer Paßhöhe, nach Spiti und Kulu hin, und streckte sehnsüchtig die Hände gegen die Schneegipfel am Horizont. In der Morgendämmerung glänzten sie zartrot über Tiefblau, wenn Kedarnath und Badrinath – Könige dieser Wildnis – das erste Sonnenlicht fingen.

Aus: Kim

Hermann von Keyserling, 1919

Rameshvaram

Wie die Nacht hereinbrach, winkten mich die Brahmanen in den Tempel hinein. Ich folgte ihnen, ohne zu wissen, was ich sollte. Da gewahrte ich Pilger ohne Ende, Hierophanten und Tempelbedienstete um ikonenhaft geschmückte Elefanten, um goldglänzende Wagen und Tragbahren herum sich bei Fackelschein zu festlichem Zuge rüsten. Und ehe ich mich dessen versah, befand ich mich an dessen Spitze. Vor mir schritten würdevoll die Elefanten, sie, die bewährtesten Träger der Tradition; hinter mir folgte die Göttin, hochthronend auf kostbarem Palankin. So ging es, bei dröhnendem Paukengerassel, bei grellem Klarinettengekreisch, bis tief in die Nacht in feierlichem Rundgang durch die herrlichsten Säulengänge der Welt, an deren Wänden die aufgereihten Frommen, von den Fackeln sprunghaft belichtet, sich ehrfurchterschauernd neigten.

Welch wundersame Einführung in das Inderland! Der Tempel zu Rāmeshvārām, auf dem südlichsten Vorsprung der Halbinsel einsam gelegen, meerumschlungen, palmenumstanden, ein Gebäude, kaum kleiner als die größten der Klöster, die unser frühes Mittelalter schuf, mit Korridoren, die an Schönheit der Formen und Farben auf Erden kaum ihresgleichen finden, soll von Rāma selbst gegründet worden sein, nachdem er Sīta dem Rāvana abgerungen hätte. Er gilt als zweitheiligste Stätte Hindustans. Wer irgend kann, wallfahret von Benares noch hierher. Und wahrhaftig scheint ganz Indien hier vertreten. Alle Farben, alle Trachten, alle Typen gewahre ich, vom dunklen Tamylen bis zum weißen Kaschmiri,

vom stolzen Radschput bis zum Sanyassi, dessen Haupthaar zu Filz verwachsen ist. Sprachen und Dialekte ohne Zahl durchschwirren einander, hundert verschiedene Gesinnungen blicken aus den Gesichtern, Kaste stößt sich an Kaste, Vorurteil an Vorurteil. Gleich reiche Mannigfaltigkeit unter Menschen haben meine Augen noch niemals gesehen.

Aus: Reisetagebuch eines Philosophen

Henri Michaux, 1933

Man vereine den Anschein von Weißbrotkrumen, Milch, Talkumpuder und Wasser, man mische und mache daraus ein exzessives Mausoleum, man bringe eine Öffnung darin an, gähnend und groß wie für eine Kavallerieschwadron, durch die allerdings immer nur ein Sarg wandert. Man vergesse die so unnützen marmorvergitterten Fenster nicht (denn das Material, aus dem das ganze Gebäude besteht, ist ein äußerst feiner, erlesener und gleichsam leidender, sich raschest abnutzender Marmor, der sich noch am selben Abend im Regen auflöst, aber seit drei Jahrhunderten mit seiner irritierenden und bestürzenden Jungmädchenbaustruktur unbeschädigt und jungfräulich dasteht). Man vergesse die unnützen Marmorfenster nicht, an denen sich die so heftig Betrauerte, die von *Shah Jahan*, dem Großmogul, Betrauerte in der Frische des Abends zeigen können wird.

Trotz seiner strengen, rein geometrischen Ornamente schwebt das *Taj Mahal*. Der Hintergrund des Tors ist wie eine Welle. In der Kuppel, der immensen Kuppel, eine Spur zuviel, eine Spur, die jeder empfindet, etwas Schmerzliches. Überall die gleiche Unwirklichkeit. Denn dieses Weiß ist nicht wirklich, es lastet nicht, es ist nicht fest. Falsch in der Sonne. Falsch im Mondlicht, eine Art mit nervöser Rührung vom Menschen erbauter Silberfisch.

Aus: Ein Barbar in Asien

Pier Paolo Pasolini, 1961

»Da die Luft kalt ist, treten Moravia und ich instinktiv näher an die Scheiterhaufen heran, und wir empfinden dasselbe angenehme Gefühl, das uns im Winter durchströmt, wenn wir uns mit unseren erstarrten Gliedern an einem Feuer wärmen, glücklich, hier zu sein, mit einer zufällig zusammengewürfelten Gruppe von Freunden, deren Gesichter und zerlumpte Kleidung ruhig im Licht einer Flamme glänzen, die mühsam mit dem Tode ringt.

So, von der Wärme getröstet, blicken wir aus größerer Nähe auf diese armen Toten, die verbrennen, ohne irgend jemandem zur Last zu fallen. Niemals, an keinem Ort und zu keiner Stunde und bei keiner Gelegenheit haben wir während unseres ganzen Aufenthalts in Indien ein so tiefes Gefühl der Vereinigung, der Ruhe und – beinahe – der Freude empfunden.«

Aus: L'odore dell'India

Rechte Seite: Tempeldiener. Nathdwara, Rajasthan.
Vorhergehende Doppelseite: Am Ufer der Narmada. Madhya Pradesh.

Tempel von Rameshwaram.
Rechte Seite: Wandelgang des Tempels von Rameshwaram

André Malraux, 1967

Madura, das war der Himmel, der sich in den dunklen Löchern des Wassers, in den grünen Schaumes vollen Becken für die heiligen Waschungen brach; das waren drei weiße Blüten, einer unsichtbaren Gottheit dargebracht; eine schwarze Kali, auf der blutige Windeln lagen; der Gestank der Verwesung, den der Duft der Tuberosen überdeckte; das ölige und schwarze Erglänzen der vom Schweiße der Menschen und dem Auftrieb der Tiere glattgescheuerten Gänge; das waren die Spaziergänger, deren Gestalten in scharfem Umriß auf den einfallenden Lichtbahnen sichtbar wurden oder sich in den Tiefen des Dunkels verloren: ich entdeckte, daß unsere Kathedralen mit Christen bevölkert sind, die *reglos* knien, sitzen, stehen. Ich wandelte durch die endlosen Galerien einer Kathedrale ohne Schiff, deren über und über mit Schwalben bestückte neun Türme unversehens unter einem Baldachin erhaben kreisender Adler in die Höhe stießen. Dieses so streng in Zucht gehaltene Bauwerk, dessen Pläne von den Geomanten festgelegt worden waren, erschien mir als ein Chaos, das Epen erzählt: auf seinen Türmen, in den Höhlungen seiner Umgänge kam den Bildwerken nicht mehr Bedeutung zu als den Menschen, die unter ihnen wandelten. Schwerelos federnde Affen geleiteten uns und liefen wieder von uns weg. Als ich vor einer blutigen Durga vorüberging, stieg eine schwarze Katze von ihrer Schulter und schritt gemessen unter der hoch sich bäumenden Schwadron der heiligen Rosse der Düsternis zu, als sei sie das Geheimnis des Alls …

Aus: Antimemoiren

Gita Mehta, 1993

Seit Generationen leben sie von den Narmada-Pilgerreisenden, und ich beobachte amüsiert, wie sie mit untergeschlagenen Beinen in ihren von Petroleumlampen erleuchteten Geschäften sitzen, die Pilger mit allem Nötigen versorgen und sie zum Kauf vieler Dinge, die sie nicht brauchen, überreden: noch eine Packung vom teuersten Weihrauch, noch mehr safranrote Stoffreste, noch eine Handvoll der kostspieligsten glückbringenden Steine. Aber gewiß doch mindestens ein Dutzend Tonlampen, um sie auf dem Fluß schwimmen zu lassen?

Meine Faszination angesichts von soviel Energie, die sich in dem Basar entlädt, läßt mich jedesmal verweilen, und gewöhnlich ist es schon spät, wenn ich zu der Steintreppe komme, die sich über die ganze Länge der vierzig dicht aneinandergedrängten Tempel am Flußufer erstreckt.

Die flachen Stufen, vielleicht zwanzig an der Zahl, führen von den Vorhöfen der Tempel zum Wasser hinab und beherbergen wie der Basar einen ganzen Kosmos geschäftiger Menschen. Bettler und heilige Männer; Priester, welche die Andächtigen in der Huldigung des Flusses unterweisen; Horoskopdeuter und Handleserinnen; Händler mit Körben voller Ringelblumen, die den Götterbildern als Opfer dargebracht werden, oder mit Glasbildern von den Göttern als Souvenirs; Frauen, die nach dem rituellen Bad ihre Saris auf den Stufen trocknen, welche noch warm sind von der Hitze des Tages; Pilger, die Öl in die Tonlampen gießen, um sie auf dem Fluß schwimmen zu lassen.

Oberhalb der Treppe erheben sich, gleich einer Stadt, die Tempel. In den Vorhöfen wimmelt es von Familien, welche durch die reliefgeschmückten steinernen Bögen treten, um den Götterbildern ihre Opfer darzubringen. Wenn sie herauskommen, läuten sie die Tempelglocken und halten ihre Kinder in die Höhe, damit sie die Klöppel schlagen. Während das Geläute noch durch die Dunkelheit hallt, gehen die Familien die Treppe hinab und legen Süßigkeiten vor die Bettler und heiligen Männer, die auf den Stufen sitzen.

Aus: Narmada oder Geschichten vom menschlichen Herzen

Ein Slum in Bombay

Spaziergang durch die Kloake, wo, fern der Blicke, die Menschlichkeit der Ausgestoßenen zuschanden wird. Hütten aus Pappkartons, glitschige Rinnsale aus Urin, Öl und Kot, Kinder mit entzündeten Lymphknoten, die in den rauchenden Abfällen wühlen. Großartiger Fortschritt! Trockene Lippen eines Säuglings, der an einer Brust mit schrundiger Haut hängt, Ratten, bedrohliche Krähen, Fliegen, Abwasserkanäle, ein Greis, der so erschöpft ist, daß ihm selbst die Kraft zum Sterben fehlt, Eiterbeulen, Lachen, junge Göttinnen mit verstörtem Blick. Das Schlimme ist, daß sie glücklich zu sein scheinen. Warum sollte das eigentlich schlimm sein?

Man hat ihnen die Kindheit geraubt, den klaren Verstand und die Freiheit, sich zu bewegen. Ihnen bleibt nichts als Entbehrung, Hunger und Unschuld.

Kann ich noch weiter zwischen ihnen hindurch gehen? Einige betrachten mich, den Passanten, mit Hoffnung, andere mit Furcht. Nur die ganz Kleinen können sich zwischen meinen Beinen tummeln, ohne den Unterschied zu bemerken. Ein Schrei gellt aus dem hinteren Teil einer Bruchbude. Niederkunft oder Todeskampf? Drinnen sinke ich auf die Knie. Eine Frau, die meine Blässe sieht, streckt mir ein Glas Wasser hin. Ich werde weitergehen. Zwischen zwei Slumbezirken ein Fluß, dessen Wasser so schwarz ist wie die Haut der Kinder, die darin planschen. Das eine, mit Schwären bedeckt, balgt sich mit einem Hund. Ich setze mich hin. Ein junger Mann läßt in meine Richtung ein Messer aufblitzen. Ich warte. Er kommt näher, die regungslos dastehenden Kinder hoffen auf Action. Ich biete ihm eine Zigarette an. Er nimmt sie und setzt sich neben mich. Das ist alles.

Am Ausgang des Slums macht ein kleines Mädchen, das mir, das Brüderchen auf der Hüfte, folgt, jene Geste, die ein Erkennungszeichen Indiens ist: Sie führt ihre kleine Hand an ihren Mund und an den des Babys und streckt sie mir dann stöhnend entgegen. Sie hängt sich an mich wie eine Klette. Ein Albino, der auf der Erde sitzt, lacht. Da kommt eine breite Straße mit Autobussen ins Blickfeld. Das Mädchen hält mich am Hemd fest. Ist das alles?

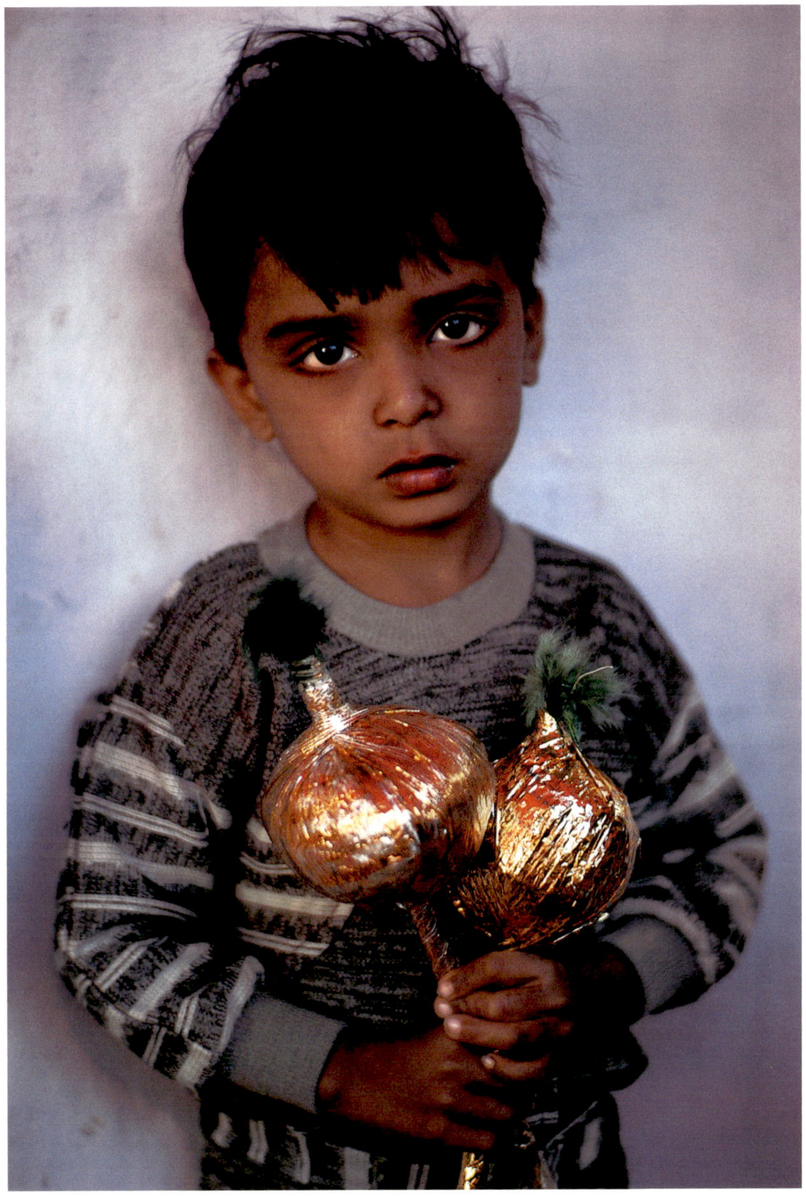

Kleiner Junge. Girnar, Gujarat.

Vorbereitungen zur Kathakalī-Aufführung. Kerala.
Nachfolgende Doppelseite: Kathakalī-Aufführung. Kerala.

Dravidische Variationen

In vier südlichen Bundesstaaten der Indischen Union werden sogenannte dravidische Sprachen gesprochen: in Karnataka, Andhra Pradesh, Kerala und in Tamil Nadu. Diese von dreiundzwanzig Prozent der indischen Gesamtbevölkerung gesprochenen Sprachen gehören nicht zur gleichen Familie wie die im übrigen Indien verbreiteten indoeuropäischen; außer diesen zwei großen Sprachgruppen finden sich dann nur noch im Himalajaraum einige kleinere Gebiete mit sinotibetischen Sprachinseln. Da die Arier, wie die meisten anderen Eroberer, von den Hochebenen Afghanistans, also aus dem Norden kamen, trifft man die ältesten Schichten der indischen Kultur im Süden an. Südindien unterscheidet sich von Nordindien aber auch durch ein tropisches Klima, üppige Landschaften in den Tiefebenen, einen größeren Reichtum, einen geringeren Einfluß des Islam, durch einen eigenständigen künstlerischen Ausdruck in Architektur, Skulptur, Musik, Tanz ... und, mit Blick auf die Vergangenheit, durch Dynastien, die von den Königreichen des Nordens unabhängig waren. In Karnataka ist die karnatische Musik entstanden; aus Kerala stammen das getanzte Drama *kathakalī* und das weniger bekannte *kalarippayat*, eine Kriegskunst und Urmutter jener Kampfsportarten, die in China und Japan praktiziert werden und sich mittlerweile über den ganzen Erdball verbreitet haben.

Im Süden Indiens ist die Atmosphäre heiterer, sind die Kontakte leichter und die Frauen selbständiger und lebhafter. Die Küsten im Osten wie im Westen sind für äußere Einflüsse, zunächst friedlicher Natur, stets offen gewesen, und so kamen Römer, Juden, erste Christen und Araber hierher, um Handel zu treiben und sich von der südlichen Sinnlichkeit blenden zu lassen. Später fehlte es nicht an Eindringlingen, die auch die Herrschaft anstrebten: Portugiesen, Moguln und Briten, aber die Zerstörungen, die sie anrichteten, waren hier nie so brutal wie im Norden.

Im Süden hielt das Königreich von Vijayanagar mit der Hauptstadt Hampi den muslimischen Armeen am längsten stand. Dieser Widerstandsgeist, verbunden mit Aufgeschlossenheit, kennzeichnet noch heute die dravidischen Länder. Länder? Was haben das muntere Treiben in den großen Heiligtümern von Tamil Nadu (im magischen Oval Kanchipuram-Tiruvanamalai-Madurai-Rameshwaram-Chidambaram), die Postkartenlandschaften der Backwaters von Karnataka, die perlenden Illusionen Nagarjunakonda und Amaravati, die in Andhra Pradesh im Namen des Buddhismus errichtet wurden, und ein abendlicher *rāga* in einem Tempel in den zentral gelegenen Bergen gemeinsam? Was verbindet die Hindumassen aus Tirumalai mit ihren rasierten Schädeln, die Angehörigen der Stämme der Gond, die über dem Godavari-Tal siedeln, die Brahmanenschüler, die in Sringeri die Veden rückwärts rezitieren, die Besucher einer syrisch-christlichen Messe in Kottayam, die Tänzerinnen von Madras, die *Golden Boys* von Bangalore, die »afghanischen« Straßen von Kurnool, die Umweltschützer von Auroville, die Jaina-Gläubigen beim Ansturm auf den Riesenmenschen aus Stein in Shravanabelagola und die Armen von Vijayavadam? Die Einheit und die Verbindungen *spürt* man, obwohl sie weder auf der Hand liegen noch sich aus der Logik ergeben. Sie gehören in die Kategorie eines »gewissen Etwas«, das vielleicht durch die ineinander verschlungenen Figuren der *gopuram* oder der tanzenden Bewegungen der Fußgänger symbolisiert wird. Die Menschen des Südens sind Künstler, die eine von der Moderne vernachlässigte Form der Kunst praktizieren – jene Kunst, die das Alltagsleben prägt: die Art, wie man geht, wie man das *thālī*-Gemüse auf Bananenblättern in Rosetten arrangiert, wie man ein Fischernetz ins Meer wirft, wie man lächelt oder eine Blütenrispe im Haar trägt – ja, selbst die Art zu streiten.

Die Weiblichkeit des Südens ist frei geblieben. Sie entfaltet sich ohne Zwang, ohne von furchtsamen Männern erstickt zu werden, ohne den Ehrgeiz, das Männliche nachzuäffen. Kaum eine andere Gegend der Welt bietet das Bild einer Kultur, in der sich Männlich und Weiblich so verstehen, als würden sie sich nach wie vor aus der Distanz für jenen Akt, der am Anfang des Lebens steht, begeistern.

Im Teleguland

»Ich habe schon darauf hingewiesen, daß es keine fruchtbarere Gegend auf der Welt gibt als diese: Man erinnere sich, daß die Vegetation hier keine Ruhepause kennt, daß die Natur hier immer aktiv ist, daß der Boden mit Macht die Säfte anzieht und seine ganze Kraft zur Entwicklung der Keime einsetzt, daß der üppige nächtliche Tau eine leichte, krümelige Erde hervorbringt und jenen Grad an Feuchtigkeit, der ihr behagt, und man wird begreifen, daß hier die Felder grün oder immerzu mit Ähren gekrönt sind, daß die Bäume zugleich mit Blüten und mit Früchten beladen sind ...«

Père M. Perrin (Voyage dans l'Indostan [zwischen 1777 und 1785]).

Nachfolgende Doppelseite: Arbeit im Reisfeld. Bengalen.

Farbenprächtige Tempel des Südens.
Der Unterschied zu Disneyland, als Symbol unserer Zeit verstanden, ist, daß es hier, hinter den Farben und den verspielten Formen, eine Metaphysik gibt.

Im Museum von Tanjore sieht man auf einer Radierung
aus dem 19. Jahrhundert das Ufer der Themse.
Dort wird wie an den Flüssen Indiens gewaschen,
geschlafen und gespielt, und es werden Holz
oder Kühe angelandet.

Von einem Schiff aus, das über einen Kanal zwischen Quillon (Kollan) und Alleppey (Alappuzha) gleitet, werfen Touristen den Kindern Bonbons und Kugelschreiber zu, als wären sie Affen. Doch wer ist hier wessen Affe?

In Rameshwaram steht ein Tempel am Meeressaum.
Die Gläubigen nehmen ihr rituelles Bad in dem Augenblick,
in dem die Sonne über den Küstengewässern Sri Lankas aufgeht.
Ich sehe keine Götter, höre aber die Gebete und die Welt
in sanftem Gleichklang schwingen.

In den Wäldern der Nilgiriberge.
Welche Nährstoffe, welches Prinzip, welche unterirdische Absprache sorgen dafür, daß aus diesen Stielen die gelben, indigoblauen, karmesinroten, orangefarbenen, selten blauen, granatfarbenen und noch grellere Blüten hervorgehen, die im Flirren der Blätter wie Ringe an den Fingern des Dschungels funkeln?

Mich stimmt nicht traurig, daß die Kinder von Madras nur ein altes Karussell haben, auf dem sie herumtollen, mit ramponierten Tieren und verbogenen Stangen; was mich traurig stimmt, ist, daß unsere Kinder selbst für funkelnagelneue Karusselle nur noch müde Blicke übrig haben.

Bewässerungsmethode.
Nachfolgende Doppelseite: Backwaters. Kerala.

Frau aus dem Süden. Karnataka.
Vorhergehende Doppelseiten: Das Kalarippayat, ausgeführt von zwei Schwestern. Kerala.
Nachfolgende Doppelseite: Backwaters. Kerala.

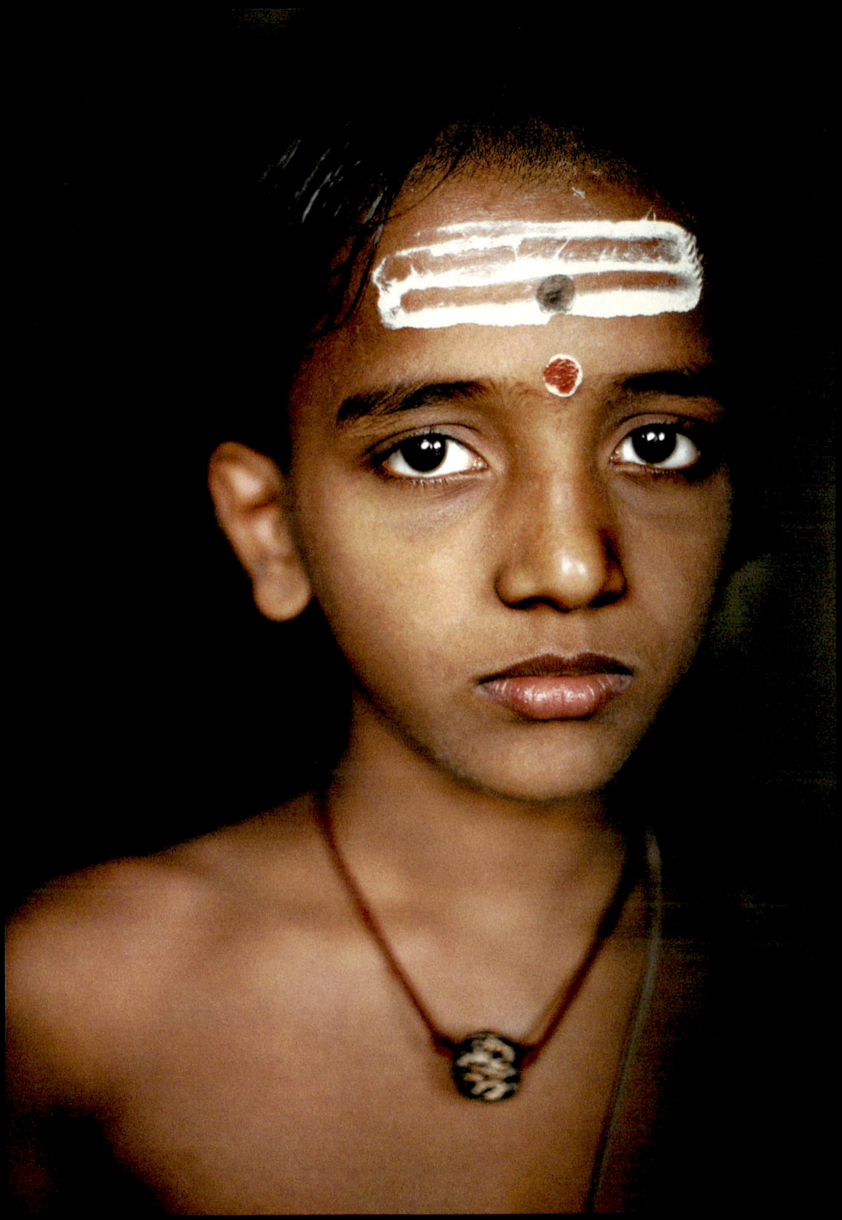

Veda-Schule. Kumbakonam, Tamil Nadu.
Nachfolgende Doppelseite: Veda-Schule. Kerala.

Tempel-Squatters. Tamil Nadu.
S. 244–245: Westghats. Kerala.
S. 246–247: Ausgrabungsstätte in Hampi. Karnataka.

Hampi, Hauptstadt des Königreichs Vijayanagar, ist heute neben Angkor die größte Ausgrabungsstätte der Welt.

Das um 1336 gegründete Königreich von Vijayanagar brach 1565 in der Schlacht von Talikota unter dem Ansturm der muslimischen Streitkräfte zusammen. Also nur etwas mehr als zwei Jahrhunderte Leben für eine Stadt, die bis zum Wahnsinn in sich selbst verliebt war. Es bedurfte einiger Mystiker, um an diesem mineralreichen Ort überhaupt Leben anzusiedeln. Dort gibt es, vom Zentrum bis zur Peripherie, Felsen wie nirgendwo sonst. Und es sind keine zurückhaltenden Felsen, die schön geordnet und ganz brav daliegen! Es sind Tausende von Felsbrocken, die die außergewöhnlichste Symphonie von Formen, das krasseste urtümliche Chaos bilden – eine ganze Welt erstarrt in lebendiger Ewigkeit, beschienen von vielen Sonnen, ausgehöhlt von Schatten. Felsen, die wie die Welt vor ihrer Entstehung wirken, die Welt nach ihrer Erfahrung, versteinertes Krächzen der Raben, Todesschreie, Auswüchse von Gedanken, Felsen, die sich um den Ort drängen und bis zum Horizont ein einziges Tohuwabohu bilden, das die untergehende Sonne in Brand gesteckt hat.

Am Abend muß man auf den Matanga steigen, einen über die Reisfelder ragenden Hügel, von dem aus dieses vom gelben und roten Wahnsinn gepackte Universum entflammt, sich dann rostrot, dann grau, dann schwarz färbt und schließlich unter dem Mond metallisch zu schimmern beginnt. Man erkennt die Umrisse der Tempelmauern, die Straßen, die nirgendwohin führen, die Arkaden, die Kapellen, die hie und da verstreuten Skulpturen, die Wasserreservoirs, in denen längst der Reis das Wasser verdrängt hat, die Fundamente des Königspalastes, den gleichgültigen und großzügigen Fluß Tungabhadra, der durch die Ebene und im Bogen um das an eine Mondlandschaft gemahnende Relief der Felsen, herum fließt.

Die von Muslimen überfallene Stadt wurde geplündert, ihrer Goldschätze beraubt und dann verlassen. Die Hindu-Bauern kamen später zurück, um ihr Land zu bestellen, und bauten ihre Feldfrüchte in den breiten Alleen, den ausgetrockneten Wasserspeichern und an den früheren Standorten der Häuser an. Deshalb wachsen heute überall, wo es zwischen den Felsen und den Tempeln noch Platz gibt, Zuckerrohr, Baumwolle und Reis.

Leben und Tod sind also eng miteinander verflochten, und ihre Vereinigung wird von den Tausenden von Tänzerinnen, Tänzern, Musikern und Musikerinnen, die in den Stein der Tempel gehauen sind, gefeiert. Ein Universum stummer Steine. Die erstarrte Musik ist um so präsenter, als man nur den sich verjüngenden Stein der Säulen mit der Hand zu reiben braucht, um ihm musikalische Klänge zu entlocken. In einigen Tempeln wird dieser Stein sogar verwendet, um das Ohr der Lebenden zu betören. Die Kinder stürzen sich darauf; denn hier entweicht einer Säule sogar der Rhythmus einer *tabla*.

Ruinen von Vijayanagar. Karnataka.
Rechte Seite: Sādhu. Girnar, Gujarat.

Strand von Kerala. Tosende Brandung, Kindergeschrei, Gischt. Wenn man die Augen schließt, könnte man glauben, in Okinawa oder Kalifornien zu sein. Doch da geht eine Frau vorbei, in einem langen, roten Gewand, barfuß und mit einem Körper, wie vom Wind gemeißelt. Ihr tanzender Schritt erschafft die Welt neu. Auch diese Illusion ist Indien.

Madras, *Egmore Station*. Ich hatte den Besuch eines Konzertes geplant, aber es ist verschoben worden. Die regnerische Nacht lädt nicht zu einem Spaziergang am Strand ein, noch weniger in dieser Stadt, die aggressiv geworden ist, ohne jedoch den Raubtiercharme von Bombay zu besitzen. So beschließe ich, den Abend im *Egmore*-Bahnhof zu verbringen. Lange Fassade aus roten Ziegeln im mogul-viktorianischen Stil mit einer ausgeprägten Vorliebe für Säulen und Kuppeln. Man könnte sagen, daß sich hier Athen und Byzanz nach zwanzig Umwegen wiedergefunden haben, um einen grandiosen Kitsch zu gebären.

Trommelnder Regen auf den Dächern, glänzende Lokomotiven, Fahrgäste mit plissierten Gewändern im Stil der hellenistisch-buddhistischen Skulpturen treten ein. Ich beeile mich, weil ich um 00.03 den *Pearl City Express* abfahren sehen möchte; er wird in Ariyalur halten, wo vielleicht noch nie ein Ausländer ausgestiegen ist, in Bann geschlagen von einem Namen, der an eine Zauberformel erinnert. Auf einem anderen Bahnsteig der *Nellai Express*, der von 2.20 bis 2.30 in Tiruchirapalli halten wird, genau so lange, wie man braucht, um auf dem Bahnsteig einen in ranzigem Öl ausgebackenen Doughnut zu essen. Vor dem *Chennai Egmore Karaikkudi Nagore Kamban Express* Nr. 6175 setze ich mich nach indischer Art auf den Boden. Ein etwa zehnjähriger Junge baut sich vor meinen Füßen auf, überlegt, ob er mich anfassen darf, und rennt davon. Mit beiden Händen berühre ich diesen Zug, der von 1.20 bis 1.23 in Chidambaram halten wird nach einem kurzen Aufenthalt in Tiruppadirippuliyur, wo ich wenigstens einmal im Leben hören möchte, wie dieser Name über den nächtlichen Bahnsteig gerufen wird. Chidambaram war von 907 bis 1310 eine Hauptstadt der Cholas und ein großes Zentrum der śivaitischen Philosophie. Dort wurde der große Tempel errichtet, der Śiva, dem König des Tanzes (*naṭarājā*), geweiht ist. Man sieht dort auch noch die in Stein gehauenen Darstellungen der hundert Posituren des heiligen Tanzes. In einem Tanzsaal (*Nṛtta Sabhā*) fand ein Wettbewerb zwischen Śiva und Pārvatī, seiner *śakti*, statt. Hinter der vierten Ringmauer befinden sich die Heiligtümer des »Allerheiligsten«, der Smaragd-Śiva, ein Śiva aus Metall sowie ein *liṅgam* aus Kristall, der jeden Abend vor Sonnenuntergang, zur Stunde der *pūjā*, mit Wasser überflutet wird. Nach Einbruch der Dunkelheit folgt die Anbetung des Feuers. Der Mensch verneigt sich vor diesem am wenigsten greifbaren Element, das zu besänftigen ratsam ist, bevor es unsere Knochen in Rauch verwandeln wird. Rauch der Züge, die durch die Nacht pfeifen, Rauch für die Götter, die das Blut lieben, Rauch der Scheiterhaufen … Man öffnet die Faust, und schon kündigen die Finger den Rauch an. *Pffff*! Mit lautem Getöse setzt sich der *Kamban Express* in Bewegung. Man drängt sich noch zu den Türen, Kinder schreien, ein Greis weint. Ein Mann läuft auf den Bahnsteig, holt die letzte Tür des letzten Waggons ein; er streckt die Hände aus, zögert mit dem Aufspringen; er springt nicht auf, sondern rutscht am Ende des Bahnsteigs aus. Ein gerettetes Leben? Die Flammen verstehen zu warten.

20.05: Abfahrt des *Pandyan Express*, der um 6.40 in Madurai ankommen wird. Ein sehr guter Zug.

20.25: Der *Chennai Rameshwaram*, der um 14.25 auf der Landzunge vor der Brücke von Adam und Sri Lanka ankommen wird.

20.30: Auf Bahnsteig eins eine Gruppe von fünf Musliminnen in Witwenkleidung, ohne Gesichter, reglose Statuen. Unter dem Schleier der einen hängt eine Kette aus Jasminblüten, wie sie die Hindufrauen mit unverschleiertem Gesicht tragen. Aus der Ferne wirkt die schwarze Gruppe der fünf Frauen wie eine Träne, die himmelwärts glitzert.

21.45: Abfahrt des *Rockfort Express*, der um drei Uhr früh durch das besagte Ariyalur fahren wird. Auf dem Bahnsteig wird es einen Blinden geben, der seit einem ganzen Tag nichts mehr gegessen hat.

Da heute Dienstag ist, werde ich bis 22.30 auf den *Tiruchi Howrah Express* warten, der am Donnerstag in Kalkutta eintreffen wird. Er fährt erst um 23.07 im Bahnhof ein. Während des fünfzehnminütigen Aufenthalts tue ich, als suchte ich diejenige, die ich erwarten könnte, damit sie mich in die Nacht von Madras hinaus begleitet. Als der Zug abfährt, spricht mich ein mitfühlender Mann an: »Ist Ihre Freundin nicht im Zug gewesen?« – »Nein. Sie kommt vielleicht mit dem nächsten. Also übermorgen. Ich werde warten.« Der Mann gibt mir seine Zeitung.

Allerweltsklischee: In Indien ist die Zeit nicht so, wie anderswo, sie vergeht langsamer. In einem lichten Moment wird man über einen derartigen Unsinn lachen. Man kann aber einmal über die Frage nachdenken, wenn man tatsächlich Zeit hat. Etwa, wenn man in Madurai am Teich des Großen Tempels sitzt und soeben festgestellt hat, daß das Verrinnen der Zeit – sollte sie wirklich unabhängig und außerhalb von uns existieren – die Sache jedes einzelnen oder jedes einzelnen Ortes ist. So gleitet sie schläfrig dahin, wenn es Nacht wird in Madurai, wenn im Tempel alles verstummt und ich allein in einer Art Meditation über die ansteigenden Stufen verharre, die zu der schwarzen Oberfläche (es ist eine mondlose Nacht) führen, über die wir, wie uns eine Tradition empfiehlt, unsere Manuskripte schicken sollen. Wenn sie schwimmen, sind sie der Aufmerksamkeit wert. Gehen sie unter, sollte man sich von ihnen verabschieden. Ein mir bekannter Brahmane hatte mir verraten, daß es zwei Möglichkeiten gibt, sie zum Schwimmen zu bringen – entweder man schreibt leicht, oder man schmiert Gott. Wir werden sehen. Was die Zeit anbelangt, wird derjenige, der mit der Aussicht aufwacht, ein Manuskript über das Wasser zu senden, während der Prozession munter werden, die Mīnakśī zu ihrem Gemahl Śiva führt, mit dem sie die Nacht verbringen wird.

Muslimische Mädchen. Maharashtra.
Linke Seite: Affendresseur. Neu-Delhi.

Eine andere Geschwindigkeit, wenn man von den Holzbänken des *Mahiladuturai / Karaikhundi Passenger* aus die Landschaft betrachtet, der mit einer (theoretischen) Durchschnittsgeschwindigkeit von 28,7 km/h in Küstennähe durch die Ebene von Tamil Nadu kriecht. Man würde sagen, daß die Zeit mit dem wechselnden Einfall der Sonnenstrahlen von einem Reisfeld zum anderen hüpft.

Wird der Verlauf der Zeit durch Meditation unterbrochen? So heißt es. Sollte also ihre Wirkung auf uns in den übrigen Fällen nur von ihrem – unveränderlichen – Spiegelbild herrühren? Das ist nur eine Hypothese.

Die Musik kündigt an, daß Śiva sein Heiligtum verlassen hat und sich auf dem Weg zu dem von Mīnakśī befindet. Aus Großzügigkeit – oder aus Spaß – paßt sich die Zeit den Rhythmen der Zimbeln an. Der Spaß (*līlā*) ist das Vorrecht der Gottheit. Der Schein (und die Zeit gehört dazu) ist ein »Spaß« der Götter. Beten – heißt das nicht: miteinander spielen?

Die Bajaderen

»Bei den Frauen ist zugleich alles Tanz und Spiel; ihr Kopf, ihre Augen, ihre Arme, ihre Füße und ihr ganzer Körper scheinen sich nur zu bewegen, um zu verführen; sie sind sehr leicht und haben dabei sehr starke Kniegelenke; sie vollführen Pirouetten auf einem Fuß und recken sich im nächsten Augenblick mit einer erstaunlichen Kraft in die Höhe: Sie haben so viel Sicherheit in ihrem Schritt und in ihren Bewegungen, daß sie die Instrumente mit Glöckchen begleiten, welche sie an ihren Füßen tragen, und da sie von der schlankesten und elegantesten Statur sind, geraten ihnen alle Bewegungen auf das Anmutigste.«

Maistre de la Tour, Histoire d'Ayder-Ali-Khan, 1784

Ich gehe wieder einmal zu Ali, dem Barbier, der im muslimischen Viertel von Madras sein Geschäft betreibt. Es gibt nichts Akkurateres als seine Tätigkeit eines ziselierenden Kunsthandwerkers, der vor meinem Gesicht ein langes, spitz zulaufendes Rasiermesser tanzen und sogleich über die Halsschlagader gleiten läßt. Um ein Haar … »Alles in Ordnung, *Sir*?« – »Alles perfekt.« Draußen kommen Kinder herbei, für die ich der Goldesel des Abends bin. Sie sagen mir Guten Tag in der Sprache, die sie für meine Muttersprache halten, und ich wünsche ihnen Guten Abend in ihrer Sprache des Südens – ein Austausch von einer Leichtigkeit, die sie zum Lachen bringt. Es wird dunkel. Eine magere Kuh müht sich mit den Resten einer Kokosnuß ab. In den Buden werden kleine Lämpchen angezündet. Ali beleuchtet seinen Stand mit einer Öllampe, die mir das Aussehen eines Toten verleiht. Ich sage ihm, wie sehr ich Menschen schätze, die ihre Arbeit lieben, daß das ein Zeichen von Weisheit sei. Er wetzt sein Rasiermesser, und seine Augen leuchten vor Freude. Er stürzt sich so auf meine Koteletten, wie man ein Zündholz anreißt. Im kaum beleuchteten Spiegel mit dem Sprung sendet die Klinge Lichtsignale aus. Das kleine Teufelchen auf der Rückseite fängt sie auf und versteckt sie in einer Dose.

Draußen – aber es gibt keine Tür, die Straße ist reine Fiktion –, auf der anderen Seite also haben sich inzwischen noch mehr Kinder versammelt. Sie sind sauer, weil sie warten müssen, sie wollen etwas, was einem Epilog ähnelt, etwas, was es in allen Schauspielen zu sehen gibt, so etwas wie eine Hochzeit oder einen Mord. Alis Rasiermesser wandert langsam vom unteren Teil des Halses hinauf zum Kinn. Ich mache ein Zeichen. Er hält die Schneide über der zarten Haut an. Ich sage: »*Wait!*« Ich drehe meinen wackligen Stuhl zu den Kindern hin und erzähle ihnen eine Geschichte. Es ist die Geschichte von einem Affen, der in meinem Land lebt, in einem alten Königreich freier Menschen. Der Affe wird dort gut aufgenommen, hat sich an unsere Sitten gewöhnt, die, man muß es zugeben, manchmal so erstaunlich sind wie die, daß die Leute immer genau wissen, wieviel Uhr es ist. Er war zufrieden. Aber plötzlich erfuhr er, daß das Land, aus dem er kam, jenes Land des Südens war, in dem wir uns jetzt befinden, mit einem Wald im Westen, in Richtung der Berge mit den roten Felsen, und nun wollte er unbedingt in dieses Land zurückkehren, in seine Heimat. Er arbeitete hart, er sparte, er kaufte sich einen grauen Anzug, Handschuhe, einen Koffer, einen roten Sack für seine Bananen und ein Flugticket. Am Flughafen forderte man ihn auf: »Ihr Ticket, bitte«, und er hielt es so hin, daß man das Fell auf seinen Armen nicht sehen konnte. Er war begeistert von dem Flug, dem Orangensaft, den Wolken, den Stimmen der Stewardessen, dem Film mit den wahnwitzigen Balgereien. Im Südland eingetroffen, nahm er sich zunächst einmal Zeit, um sich an die Hitze, das Essen und an die Art zu gewöhnen, mit dem Kopf »Ja« und »Nein« zu sagen, die genau umgekehrt war, wie die, die er kannte. Dann begab er sich, auf dem Dach eines Busses reisend, in die Gegend der roten Berge. Sobald er dort angekommen war, wollte er sich mit einem Freudensprung in die lianenumschlungenen Bäume stürzen, diese Bäume, die er wiedererkannte, weil er sie in einem Traum gesehen hatte. Doch er sprang zu kurz, zog sich eine Schürfwunde zu und fiel auf den Boden. Niemand kam ihm zu Hilfe, weder das Affenkind, dem er freundliche Worte zugerufen hatte, noch die Affenmutter, die vollauf damit beschäftigt war, ihre Kleinen zu säugen, noch der Affengreis, der doch sonst gar nichts zu tun hatte. Schließlich halfen ihm Menschen auf, und er bedankte sich bei ihnen. Sie lachten und trugen ihn huckepack zu sich nach Hause, wo sie ihn töteten. Einfach so, vielleicht nur aus Spaß, denn ein toter kleiner Affe besitzt keinen Wert. Dann warfen sie ihn auf einen Abfallhaufen, in dem behinderte Menschen herumwühlten, und behielten nur seine Handschuhe, die sie in dem roten Sack gefunden hatten.

Die Kinder draußen sind abgezogen, ohne das Ende meiner Geschichte abzuwarten. Ich höre sie in der Ferne mit einer leeren Konservendose spielen. Ali ist untröstlich: »Nicht böse sein«, sagt er, »es sind Kinder. Sie wissen nicht, was sie tun.« – »Ich bin ihnen nicht böse. Ich finde, daß sie recht haben, wenn sie weggehen, sobald der Affe vom Baum herunterfällt. Ich wäre auch weggegangen.« – »Sie sind also nicht allzu enttäuscht, *Sir*?« – »Doch. Wegen des Affen bin ich enttäuscht.« – »Aber…« – »Ihre Arbeit«, sage ich zu ihm. »Sie ist perfekt. Sie und Ihr Rasiermesser sind eins. Es ist, als hätten Sie einen zusätzlichen Finger.« – »Hätte ich einen zusätzlichen Finger gehabt, hätte ich ihn benutzt, um den Affen am Herunterfallen zu hindern.«

Nachfolgende Doppelseite: Fischerhafen. Varkala, Kerala.

Aus diesem entlegenen Dorf in Tamil Nadu tritt eine Frau von atemberaubender Schönheit. Ich starre sie an. Sie versteht meine Verblüffung nicht. Sie weiß nicht, daß sie schön ist.

M., ein historisches Zentrum, ist heute ein kleiner Weiler irgendwo auf der Hochebene von Karnataka. Es ist mit dem Bus so schwer zu erreichen, daß wir einen ganzen Tag brauchen, um die einhundert Kilometer zurückzulegen, die es von der Stadt trennt, in der wir uns gerade aufhalten. Dort ist die alte Architektur aus der Zeit von Vijayanagar längst eine Symbiose mit den Lianen eingegangen. Felsenhügel erheben sich hinter dem letzten Tempel. Hatten sich die Könige dieses Reiches, dessen Herz in Hampi schlug, über einen Pakt mit den Erdmassen hinweggesetzt? Die Sonne geht unter. Auf einem Felsbrocken gesellt sich ein Kind zu uns, das eine häßliche Wunde auf dem Schenkel zur Schau stellt. Als die Sonne, nachdem sie Himmel und Steine mit sattem Orange gesegnet hat, verschwindet, kippt irgend etwas in mir um, und ich lege die Hand auf die Verletzung des Jungen. Die Wunde bleibt, wie sie ist. Der Narr hadert mit Gott.

Vergangenheit, Gegenwart, Zukunft – so sieht man hier den Reis. Ockerfarbene Haufen, wenn nach dem Schnitt das Stroh getrocknet ist, grün züngelnde Flammen vor der Ernte, akkurate und wie mit dem Kamm durchzogene leuchtende Vierecke nach dem Auspflanzen der Setzlinge.

Schachbrettartig versetzt erstrecken sich diese verschiedenen Zeiten bis zum Horizont. Kein Grund, um in Verzückung zu geraten! Man weiß doch, daß die Zeit ein Frettchen ist, das sich auf seine Art und Weise versteckt und wieder auftaucht. Vom Hügel in Tirukalikundram herunter (also sehr rasch), wo man gespannt auf die Adler wartet, die eigentlich aus Benares kommen sollten (eine Legende), hat sich die Zeit für das buntgescheckte Kleid der Reisfelder entschieden. Noch ein Streifen dieser Felskuppen, die aus irgendwelchen unbekannten Gründen aus der Ebene herausragen. Für die Besucher der befriedeten Natur, die die Tausenden von Stufen des Tempelturms hinaufgestiegen sind, symbolisieren diese Kuppen die stehengebliebene Zeit, diese kreative Illusion. Für die virilen Bezwinger der sinnlichen Natur sind die Kuppen Brüste der Erde, die zwischen den Wasseradern aufgequollen sind. Die Erde zu lieben ist nicht schwer, man muß nur warten können. Was die Wanderer der sinnlichen Natur anbelangt, so gibt es kein noch so subtiles Wort, das ihre Beziehungen zu den gerundeten, unwandelbar wirkenden Felsen ausdrücken könnte. Da bleiben nur die Photographen, und sie werden enttäuscht sein. Zwischen den Reisfeldern, den Felsen, den Palmenhainen und den kleinen Gestalten, die auf den Feldern arbeiten, gibt es verborgene Entsprechungen, die ein Bewußtsein, nicht nur ein geübtes Auge erfordern. Man müßte jedesmal, bevor man auf den Auslöser drückt, meditieren und nicht versuchen, ein Bild aufzunehmen, sondern den richtigen Blick geschenkt zu bekommen.

Auf dem Rückweg strampele ich mit Mühe der untergehenden Sonne entgegen. Da ich keine Lampe habe, hoffe ich, vor Anbruch der Dunkelheit am Ziel zu sein. Auf dem Weg schlagen in allen Farben gekleidete Frauen Reisgarben aus.

Eine etwas Aufgewecktere – eine Freiere, würden manche sagen – genügt, um die anderen anzustacheln, mir die Weiterfahrt zu verwehren. Sie wollen Geschenke, sich photographieren lassen, meine Uhr anschauen, meine Reifen aufpumpen. Ein bißchen weiter oben zeigen sich die Männer mit nacktem Oberkörper, die mit Hochdruck die Strohballen auf die Fuhrwerke laden, unbeeindruckt vom Treiben der Frauen.

Wir gehen auseinander. Nach zwanzig Metern drehe ich mich um. Die Frauen haben ihre Arbeit wieder aufgenommen, als wäre nichts gewesen. Ich schließe die Augen, und die Landschaft verwandelt sich in ein abstraktes Gemälde. Die Mitte ist leer, links, zur Anhöhe hin, konzentrische Kreise: Das Orange der Sonne, umgeben vom Grün der Reishalme und dem Gelb des Strohs. An den Rändern: Bunte Tupfer der Saris, unter denen die Rot- und Gelbtöne dominieren. Zwischen den Kreisen und den Rändern das dunkle Blau des Himmels, gesprenkelt mit Silbersplittern, und ein wenig Schwarz, das von der Haut der Männer stammt. Und dann ein grauer Fleck, in dem ich mich selbst wiederzuerkennen glaube. Ein *maṇḍala*?

Gitta gefällt mir. Ich frage sie aus. Sie stammt aus einem Dorf in Andhra Pradesh. Ihre Familie hatte sie mit einem Mann verheiratet, der sie verprügelte. Sie hatte zwei Fehlgeburten. Sie ist fortgejagt worden. Sie hat dann in einer Kaufmannsfamilie gedient. Sie hat gestohlen. Sie ist im Gefängnis von Guntur gelandet. Als sie herauskam, hat sie ihren Körper verkauft, um zu überleben. (Ihr Lohn reichte jeweils für einen Teller Reis.) Dann ist sie zu Fuß zum Heiligtum in Tirumalai gepilgert und hat am Tempeltor gebettelt. Jetzt, da sie alt ist, wäscht sie die Wäsche der durchreisenden Gäste des *dawk bungalow*. Sie singt vom Morgen bis zum Abend. Was für ein schönes Gesicht!

Eine Lehmstraße auf der Hochebene von Karnataka.

Der Bus fährt durch ausgedorrte Weiten, wo auf der roten und rosafarbenen Erde die Kühe unbekümmert ihre Fladen fallen lassen, die eingesammelt, geknetet, getrocknet und dann als Brennstoff verwendet werden. Eine Herde knochiger Ziegen bahnt sich zwischen den Agaven hindurch ihren Weg. Es ist das Land des Schlangenkönigs. Unser Fahrzeug wirbelt furchterregenden Staub auf, die einzige Spur von Leben nach einer ganzen Weile. Dann spendet eine Oase wieder Grün, einen Baum gegen die Gewalt des Lichts. Über den Hecken, die den Weg säumen, Heuballen, die sich von selbst zu bewegen scheinen.

Als die Trägerinnen ins Blickfeld kommen, sieht man, daß sie, wie ihre Kolleginnen auf den ägyptischen Wandgemälden, im Gänsemarsch gehen. In der Ferne ein Teich, Palmen, Saris, die in der Sonne trocknen, Schachbrettmuster. Paul Klee läßt grüßen.

Arbeit im Reisfeld.
Rechte Seite: Aussetzen der Reispflanzen. Tamil Nadu.

Es braucht einen ganzen Tag und eine geballte Ladung Staub in den Lungen, bis wir in dem Dorf ankommen, in dem Meister S. residiert. Drei Tage zuvor haben wir den Aschram von Shri Ramdas an der Malabarküste im nördlichen Kerala verlassen. Am Abend spuckt uns der Bus am Rand einer menschenleeren Straße aus und fährt mit seiner gelblichen Aureole weiter. Wir schütteln uns und finden uns in jener Stille wieder, die uns im Grab erwartet. Während wir auf das Dorf zugehen, das man hinter einer Baumreihe ahnt, gesellt sich ein kleiner Junge zu uns. »Er ist nicht da!« trompetet er mit offenkundigem Vergnügen. Wir finden gute Gründe, ihm nicht zu glauben, denn er hat einen hinterhältigen Gesichtsausdruck. Doch offensichtlich hat er recht.

In dem bescheidenen Haus, in dem der Meister lebt, bestätigt es uns ein Mann, der irgendwie unfertig wirkt:

»Wann wird er zurückkommen?«
»Ich weiß nicht.«
»Weiß es jemand?«
»Er sagt nie, wann er zurückkommt.«
»Wissen Sie, wohin er gegangen ist?«
»Nein.«
»Wie lange ist er meistens weg?«
»Je nachdem.«
»Zum Beispiel?«
»Zwei Tage, sechs Monate. Vielleicht kommt er einmal überhaupt nicht mehr zurück.«
»Im Aschram von Shri Ramdas hat man uns gesagt, er sei zu dieser Zeit des Jahres hier.«
»Oft.«
»Raten Sie uns zu warten?«
»Ich glaube, in Ihren Ländern mag man das Warten nicht.«
»Ja. Und was ist mit heute nacht?«
»Wenn er nicht hier ist, nehmen wir keine Fremden auf.
Sie können unter dem Banyan hinter der Straße schlafen.
Es gibt fast keine Schlangen mehr.«

Dort hören wir, attackiert von Stechmücken, alle möglichen Geräusche von Tieren, für die der Hunger ein ernstes Problem ist.

Dann gewinnt die Nacht die Oberhand.

Hindupriester. Ahmedabad, Gujarat.
Nachfolgende Doppelseite: In den Wellen spielendes Paar. Dwarka, Gujarat.

Finale oder das Ewig Weibliche, indisch dekliniert

Die Frau ist ein in alle Ewigkeit heiliges Feld,
Auf dem das Selbst geboren wurde.

MAHĀBHĀRATA, I [74], 51.52

Indien für *weiblich* zu erklären, wäre genauso dumm wie die Behauptung, das christliche Abendland werde von der Figur des Vaters beherrscht. Freilich, auf der einen Seite gibt es die *śakti* (weibliche Energie), auf der anderen den Herrgott. Doch umgekehrt sind die Veden und die Gesetze des Manu männliche Texte, und die drei wichtigsten Götter des Hindu-Pantheons – Brahmā, Śiva und Viṣṇu – sind zunächst einmal Männer, während die Gestalt der Jungfrau über fünfzehn Jahrhunderte lang ein Christentum dominiert hat, aus dem auch die höfische Liebe hervorgegangen ist. Die viertausend Jahre indischer Geschichte bieten eine Bühne für allerlei wirres Gerede. Lassen wir nicht zu, daß sich die groben Vereinfacher der Frage von Männlich und Weiblich bemächtigen; sie werden sich zwangsläufig verheddern.

Zuerst einmal müßte man nach den Epochen unterscheiden. Von der Indus-Kultur bis zur Ankunft des Islam gibt es fünfzig Arten, die Rolle der Frau, ihre Macht und ihren Fluch zu interpretieren. Dann müßte man sich über die Begriffe einigen. Das Konzept der Gleichheit kann nicht auf die traditionelle Kultur Indiens übertragen werden. Noch weniger Sinn hat die Wahlfreiheit in einer Gesellschaft, in der das Wichtige von den Göttern oder vom Brauch entschieden wird, niemals jedoch dem einzelnen. Nach den Maßstäben des heutigen Westens ist die indische Frau nicht frei, aber von ihr geht, vor allem, wenn sie Mutter ist, eine Macht aus, die ihr die gesamte indische Kultur zuerkennt und die sie perfekt verkörpert.

Die Frauen sind die Götter, die Frauen sind das Leben,
Die Frauen sind der Schmuck.
Weilt mit euren Gedanken stets bei den Frauen.

ANTWORT VIṢṆUS UNTER DEM ASPEKT DES BUDDHA
IM MAHĀCINA-RAMACANA.

Inderinnen strahlen eine natürliche Grazie aus. Diese Grazie entstammt weder besonders markanten Gesichtszügen noch einem Körper, der dem der Apsaras ähneln würde. Eine Inderin, die in Kalifornien in einen Swimmingpool springt, mag vielleicht schön sein, hätte aber die Aura verloren, die sie so einzigartig macht. Es handelt sich um eine Grazie, die aus der Kultur entspringt und die sich nicht verpflanzen läßt. Sich nach einer kurzen Kindheit von einem heiligen Prinzip bewegt zu fühlen und entsprechend betrachtet zu werden, verleiht ihr eine Leichtigkeit, die durch das Tragen des Sari noch unterstrichen wird. Lippen, die bereitwillig lächeln, lange schwarze Zöpfe, Gang und Hände von Tänzerinnen, Schamhaftigkeit, gemischt mit der subtilen Verführungskraft nackter Hüften, Blicke von beängstigender Unschuld . . . dies alles macht sie zu einem Kunstwerk. Sich selbst treu, ungezwungen und unnahbar. Halten wir drei Sekunden inne und goutieren wir diese Tatsache – Frauen als lebende Kunst. So haben wir sie in unseren Kulturen kennengelernt, sie besungen und (fast) verloren. Ein Flügelschlag, und wir begegnen den Gefährtinnen eines Odysseus oder Lancelot wieder.

Doch Vorsicht: Die Grazie einer Frau, die in den Mythos eingegangen ist, kann nicht verkauft werden. Sie verblaßt, wenn man sie besitzen will. Es ist eine Grazie, die man bewundert. Und die sich demjenigen einprägt, bei dem die Aufmerksamkeit überwiegt.

Wir können unsere Auffassungen nicht auf die traditionelle indische Frau übertragen. Ihre »Freiheit« besteht nicht in der Entwicklung ihrer Individualität, sondern in der Annäherung an einen Archetyp. Am Tag ihrer Hochzeit hat die Braut, wie ihr Schmuck beweist, etwas von der Göttin. Und als solche wird sie geehrt, und nicht wegen ihrer persönlichen Qualitäten. Desgleichen wird sie, mit Kindern gesegnet, zu der MUTTER.

Und die Mädchen, die mit acht Jahren verheiratet werden? Und die unfruchtbaren Frauen, die verhöhnt werden? Und die ausgestoßenen Witwen? Und die ausgebeuteten Bäuerinnen? Und die vergewaltigten Frauen, die stillschweigend verurteilt werden? Sie zu vergessen wäre kriminell; nur sie allein zu sehen, blind.

Nachfolgende Doppelseite: Rituelles Bad im Ganges. Benares.

Frauen beim Marktfest
Rechte Seite: Elegante Frau aus dem Dorf. Rajasthan.
Nachfolgende Doppelseite: Einkleidung einer Muslimbraut. Rampur, Uttar Pradesh.

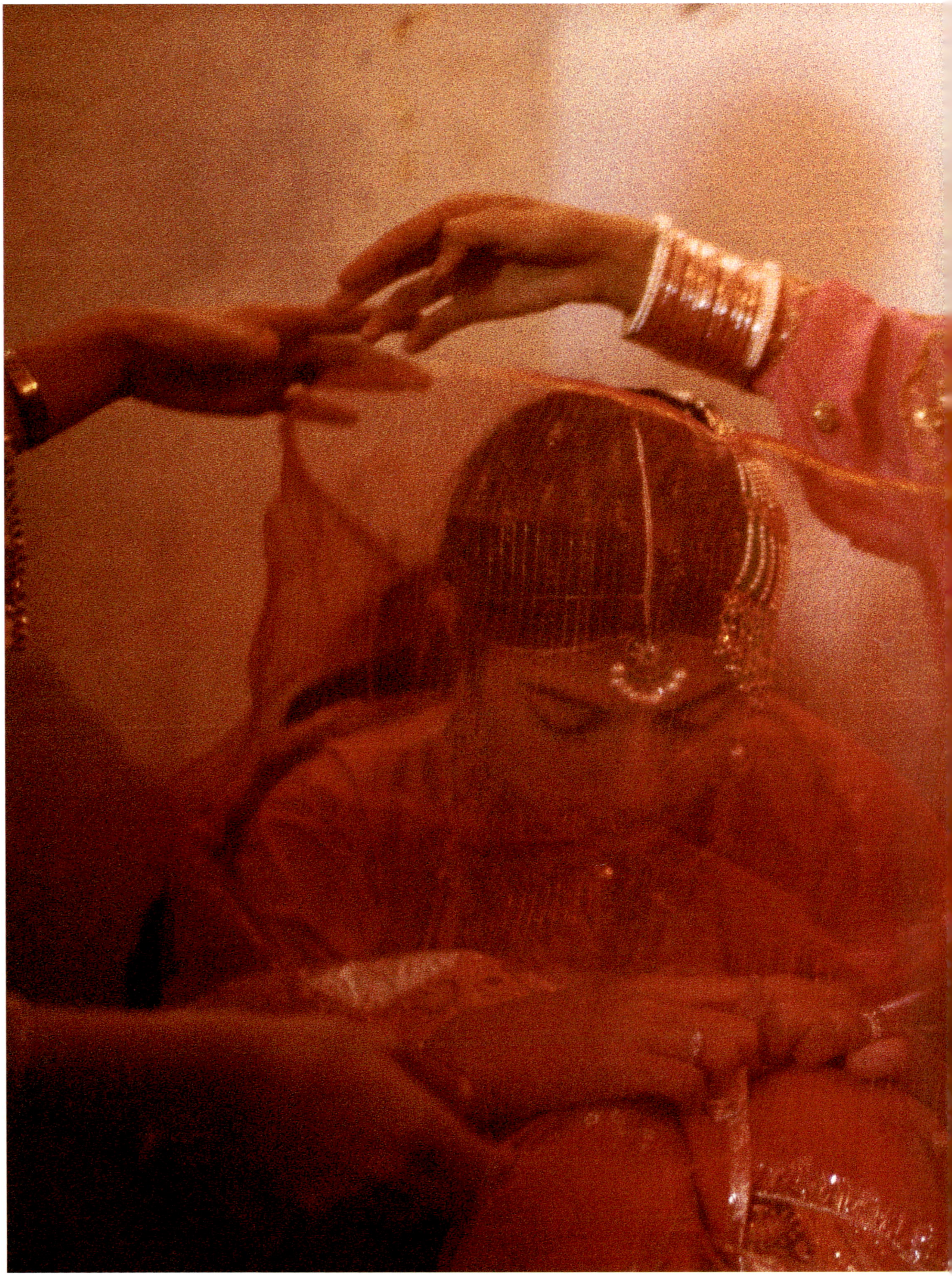

Ich dringe ein in deinen Körper:
Jetzt, mit mir, der śakti, vereinigt, werde du der Herr!
Ohne mich gibt es keine Mutter,
Keine Frau, die die Wirkungen der Erstursache
auslöst.
In dem Augenblick, da die Wirkung zutage tritt,
übernimmst du die Aufgabe des Sohnes.
Ohne dich gibt es keinen Vater, keinen Mann, der
Wirkungen auslöst.
Du bist mein Vater, du und kein anderer als du, niemals.
Bald besitzest du die Gestalt des Vaters,
Bald erscheinst du in Gestalt des Meisters, manchmal
trittst du auf als Sohn,
Und manchmal bist du mein Schüler.

KULACŪḌĀMAṆI TANTRA VII. 81

Nāga-Altar. Nashik, Maharasthra.
Rechte Seite: Junge Frau in traditionellem Gewand

Die *śakti* ist der schöpferische Aspekt des Göttlichen. Sie ist es, die der Welt Gestalt verleiht, und die Dynamik der Phänomene wird durch die *śakti* erst in Bewegung gesetzt. Doch es wäre eine demagogische Dummheit, deswegen zu behaupten, Gott sei weiblich. Gott (eine Vorstellung aus dem Mittelmeerraum) ist weder Mann noch Frau. Keine dieser beiden Polaritäten ist für sich allein genug. Ohne seine *śakti* ist der Gott leblos, während die *śakti* allein unvollständig ist. Wieder einmal befinden wir uns in Indien den bewegenden Prinzipien gegenüber, die nach der Begegnung mit dem anderen Prinzip streben. Alles in Indien ist *Verschmelzung*. Diese Frau, die hinter einem vulgär aussehenden Mann durch den Staub des Busbahnhofs geht, einem Mann, dem sie gehorchen und den sie manchmal über sich ergehen lassen muß – kennt sie ihre Macht, die in den heiligen Texten besungen wird? Offensichtlich. Sie weiß, welche göttliche Energie in ihr fließt, eine Energie, die die unübersehbaren Menschenmengen in den Tempeln und, besser noch, in Gestalt der »Mütter« des heutigen Indien verehren. Und wir, wir ahnen, daß auch ihr Körper und ihre Träume es wissen.

Die »Mütter« haben in der indischen Geschichte des 20. Jahrhunderts eine wichtige spirituelle Rolle gespielt. Keine Institution hat ihnen ein entsprechendes Mandat erteilt; ihre Anerkennung ergibt sich von allein und beruht auf ihrer Popularität. Sie haben, manchmal schon seit ihrer Kindheit, eine besondere Ausstrahlung; Schüler folgen ihnen, und dann scharen sich ganze Menschenmengen um sie; ein Aschram wird gegründet, und nach ihrem Tod versammeln sich Pilger um ihren *samādhi*. Man beachte: Wenn einige Inder sich die spirituelle Verarmung des Westens zunutze gemacht und sich zu Gurus erklärt haben, weil bei ihnen die Geldbörse als Seele fungiert, heißt das nicht, daß auch »Mütter« solche Bauernfängereien betrieben hätten.

Einige »Mütter« haben sich in die Einsamkeit zurückgezogen. Andere lehren und schenken denen ihre Liebe, die sich um sie drängen. Unter denen, die im 20. Jahrhundert am hellsten leuchteten, nennen wir vor allem Ma Anandamoyi. Die gebürtige Bengalin hat Millionen von Menschen geprägt, darunter auch Indira Gandhi. Der Aschram, den sie in Haridwar gegründet hat, dort, wo der Ganges noch in jugendlicher Frische dahinfließt, lockt zahlreiche Adepten an. Mira Alfassa (1878–1973), eine aus Ägypten stammende Französin, ist nach ihrer Begegnung mit Shri Aurobindo 1922 seine spirituelle Assistentin in Pondicherry geworden, wo beide einen der bedeutendsten Aschrams Indiens geschaffen haben. Sie wurde schlicht »die Mutter« genannt, in ganz Indien verehrt und hat nach dem Tod Aurobindos 1950 die spirituelle Leitung des Aschrams übernommen. Ihre Idee war das 1968 eingeweihte Auroville, eine Labor-Stadt für eine neue Menschheit, die, geschützt vom Matrimandir, einem imposanten kugelförmigen Bau, der ausschließlich als Meditationsraum dient, weiterhin ihren Weg zwischen Bäumen und Vögeln sucht.

In Auroville stellen die Leute aus dem Westen, die in den strohgedeckten Häusern wohnen, Räucherstäbchen her, die sie über das World Wide Web verkaufen; andere pflanzen Biogemüse an und versuchen so, sich dem supramentalen Zustand anzunähern; andere unterrichten, geben Texte heraus, bauen, träumen oder gammeln herum. Die neue Welt liegt niemals gleich hinter der ersten Kurve.

Mutter Teresa, 1910 im heutigen Albanien geboren, hat ihren christlichen Orden 1950 in Kalkutta gegründet, wo sie 1997 auch gestorben ist, nachdem sie 1979 den Friedensnobelpreis erhalten hatte. Nach ihrem Tod gingen Indiens höchste Würdenträger hinter ihrem Sarg her, und die indischen Fahnen wurden auf halbmast gesetzt. Zwei dieser »Mütter« stammten also nicht aus Indien, und eine von ihnen war sogar Christin.

Gegenwärtig hat eine noch junge Frau aus Kerala, die aus sehr bescheidenen Verhältnissen stammt, einen Aschram zwischen Meer und Kanal gegründet, in dem sich Vertreter vieler Nationen finden. Amma reist jedes Jahr nach Europa und in die Länder Nord- und Südamerikas und bietet allen die Liebe an, die sie in sich trägt.

Kāma [die Liebe] *wurde als erster geboren.*
Weder die Götter, noch die Ahnen, noch die Menschen können sich mit ihm vergleichen.
Er ist allen überlegen und für alle Zeiten der Größte.

ATHARVA-VEDA, 9, 2, 19

Die heilige Erotik hat Ströme von Tinte fließen lassen und zahlreiche Hirngespinste gespeist; sie hat beunruhigt, verärgert oder enttäuscht. Es handelt sich um eine Domäne, die zwar nicht spezifisch indisch ist, hier aber wie nirgendwo sonst entwickelt und praktiziert worden ist. Doch derjenige, der glaubt, bei diesen Ritualen würde es sich um mit *Aum* beschallte und von Weihrauchdüften umwaberte Liebesspiele handeln, würde dem schlimmsten Irrtum verfallen. Was diesen Aspekt des Tantrismus anbelangt, so symbolisiert die geschlechtliche Vereinigung die Verschmelzung mit der *śakti*. Der sexuell geprägte Tantrismus ist den Eingeweihten vorbehalten, die das Geheimnis der Riten bewahren müssen, denn die Energien, die in Bewegung gesetzt werden, sind von solcher Kraft, daß sie, nicht in die richtige Richtung gelenkt, in gleicher Weise zerstörerisch wirken können. Kein wirklicher Lehrer dieses Weges verrät die Grundsätze des Geheimnisses, das mehr denn je bewahrt werden muß in einer Zeit, in der man sich dem Heiligen – und diesem im besonderen – mit Vorliebe so annähert, als entdecke man ein neues Land. Es handelt sich aber um kein Land, sondern um das Rätsel der Quelle.

Diese in Schweigen gehüllten Praktiken sind nur ein Aspekt des Tantrismus, einer esoterischen Bewegung, die um das 4. oder 5. Jahrhundert n. Chr. aus dem Buddhismus und dem Hinduismus heraus entstanden ist. Er hat sich seit dem 7. Jahrhundert über ganz Indien verbreitet und zwischen dem 9. und dem 12. Jahrhundert seine festen Grundlagen behauptet. Diese Bewegung bezieht sich auf Ritual, Magie, Yoga, Meditation usw. Es gibt zahlreiche Abhandlungen über seine Prinzipien und Praktiken.

Im buddhistischen Kontext finden sich tantrische Einflüsse insbesondere im Vajrayāna Tibets und im Shingon-Buddhismus Japans.

Das *Kāma Sūtra* (Leitfaden der Liebe) ist ein praktisches Handbuch, das Vātsyāyana (um das 5. Jh. n. Chr.) zugeschrieben wird; es wurde für Inder verfaßt, die in besseren Verhältnissen lebten. Während es historisch und soziologisch von unbestreitbarem Interesse ist, schneidet es die so anregende Frage des Eros und des Heiligen nicht an. Seine Lektüre hinterläßt den Eindruck des Unfertigen.

Wir sind hier weit entfernt von einigen tantrischen Texten, aber auch von jener *śakti*, die Mircea Eliade heraufbeschwört:

»Jede nackte Frau verkörpert die Natur, die *prakṛti*. Man wird sie also mit derselben Bewunderung und Gleichgültigkeit betrachten, die man dem unergründlichen Geheimnis der Natur, ihrer unbegrenzten Schaffenskraft, entgegenbringt. Die rituelle Nacktheit der *yoginī* besitzt einen ihr eigenen mystischen Wert: Wenn man angesichts der nackten Frau in seinem tiefsten Inneren nicht dasselbe erschreckende Gefühl entdeckt, das man angesichts der Offenbarung des kosmischen Mysteriums empfindet, dann gibt es kein Ritual, sondern lediglich einen profanen Akt.«

Aus: Sur l'érotique mystique indienne

Die Abendsonne mit ihrer roten Maske. Die vor Śiva aufgestellte Flamme greift diese Maske auf und belebt ihrerseits den Flammenkreis, den Ursprung. Ein Brausen in der Nacht. Ist es das Wasser, das über einen Felsen rauscht? Nein. Hier ist eine Totenstätte. Der Scheiterhaufen war hinter einer Brombeerhecke versteckt. Seit Anbeginn ist sein Platz neben dem Fluß mit den Wellen, die die Asche fortschwemmen.

Ein Kind wühlt in der Glut. Es kommt nur ein Ring zum Vorschein, der der Toten, deren Körper verborgen geblieben ist, vom verkohlten Finger geglitten ist. So hat man auch schon beobachtet, daß spät in der Nacht, wenn alles nur noch Asche ist, die Hunde kommen und hier nach Futter suchen.

Die Glut ist ein funkelnder Diamant. Das Rot zirkuliert darin so schnell wie das Blut im Körper. Ist es möglich, dieses Rot zu verehren, dasselbe Rot des Mutterschoßes, der den Samen empfängt, das Rot des Punktes auf der Stirn, oder das Rot derer, die den abgetrennten Köpfen in der Kette der Kālī entkommen sind?

Blut, Geschlecht, Sonne und Weisheit drehen sich im Kreis. Sie wollen in jenem Reigen mittanzen? Dann müßten Sie an einer Hand das Leben nehmen, an der anderen den Tod. Sie haben etwas vergessen? Ach ja? Sie möchten eine Sicherheit? Zum Beispiel den Fortschritt oder die Ewigkeit? Unmöglich bei diesem Tanz! Indien nimmt das Leben, Indien nimmt den Tod, Indien verschmilzt sie miteinander. Zwischen diesen beiden bleibt als einziger Ausweg, in den zinnoberroten Punkt einzutauchen, den man mit leichtem Finger zwischen die geschlossenen Augen auf die Stirn tupft, die *tilaka*, die die Finsternis tilgt.

Anbringen des Tilaka. Gujarat.

Bildlegenden Roland und Sabrina Michaud

Vorsatzblatt
Gaṇeśa, in der heiligen Silbe *Oṃ* oder *Auṃ* enthalten. Anonyme Schriftzeichnung. Die heilige Silbe wird mit Gaṇeśa identifiziert: Die drei Buchstaben – A+U +Ṃ – der Silbe ergeben seitenverkehrt exakt das Profil des berühmten Gottes mit dem Elefantenkopf Gaṇeśa, der die Hindernisse aus dem Weg räumt und dem vor jeder heiligen oder profanen Unternehmung geopfert wird. Gaṇeśa ist auch der Patron der Schriftsteller.

S. 6–7
Monsunbeginn, Juni 2001
Distrikt Agali, Westghats, Kerala. Die Zeit des Aufruhrs von Himmel und Erde wird von Blitz, Donner und schwarzen Wolken angekündigt, aus denen sich wahre Sturzfluten ergießen; die Inder sagen, der Monsun »explodiert«, wenn das Gebet des Menschen erhört wird.

S. 8–9
Monsunhimmel, Juni 2001
Fort Bekal, Nord-Kerala.

S. 10–11
Ländliche Szene während der Regenzeit, Juni 2001
Distrikt Kasargod, Nord-Kerala. Unter dem Monsunregen lebt das Land auf und färbt sich grün; die Palette der Grün- und Brauntöne kennt dann keine Grenzen.

S. 12–13
Monsunregen, Juli 1977
Galta, nahe Jaipur, Rajasthan. Die Radfahrer auf der Straße nach Jaipur versuchen, sich unter dem Dach ihrer Schirme vor dem Regen zu schützen.

S. 14–15
Ochsengespann-Rennen, September 1994
Distrikt Bhosari, Maharashtra. Tausende von Bauern begeistern sich für diesen lokalen Sport; unter einem bleiernen Himmel tragen Hunderte von Ochsengespannen einen Geschwindigkeitsbewerb auf einer vorgeschriebenen Route aus. Die Atmosphäre knistert vor Spannung. Hier sieht man, wie die Besitzer ganze Händevoll von dem glückbringenden gelben Kurkumapulver auf ihre Tiere werfen. Dies ist ein richtiges Bauernfest, auf dem man spürt, wie nahe Mensch und Tier einander in den Strapazen des Alltags verbunden sind.

S. 16
Straße in einem Dorf in Tamil Nadu, Februar 1996
Distrikt Madras (Chennai). Neben dem »modernen« Verkehr der Autos, Busse und Lastwagen sind auf den indischen Straßen noch immer Hunderttausende von Wagen und Karren unterwegs, die von Tieren gezogen werden.

S. 18–19
Morgennebel, November 1998
Kalkutta (Kolkata). Ein Anhänger des Haṭhayoga übt auf dem Rasen des Maidan, im Herzen von Kalkutta, einige Posituren. Diese flache und offene Anlage wurde so konzipiert, daß man vom Fort William aus auf einen möglichen Feind schießen konnte; heute finden hier Pferderennen, politische Veranstaltungen und Kricketspiele statt.

S. 22
Ländliche Szene, April 1965
Distrikt Puri, Orissa. In der Stunde des »Kühestaubs« wirbeln die ins Dorf zurückkehrenden Herden riesige Staubwolken auf. Dieser Moment ist von heiterer Ruhe und Poesie erfüllt.

S. 23
Palmen im Gegenlicht, Februar 1966
Distrikt Darasuram, Tamil Nadu. Hier herrscht die bukolische Atmosphäre des friedlichen Indiens, des ewig und unwandelbar erscheinenden Landes der 600 000 Dörfer.

S. 26

Straßenszene, November 1993

Kalkutta. Einwohner des Viertels Babu Ghat verrichten ihre morgendliche *pūjā*, indem sie einem heiligen Baum Blumen und Früchte opfern. Vor den Augen seines Besitzers, eines Taxifahrers aus der Gemeinschaft der Sikhs, spritzt im Hintergrund ein junger Mann dessen Ambassador ab. In Indien sind die Sphären des Heiligen und des Profanen nicht voneinander getrennt.

S. 27

Traditioneller Gruß, Februar 1994

Distrikt Tirunelveli, Tamil Nadu. Ohne seine Schlüssel aus der Hand zu legen, begrüßt der Wächter des Kṛṣṇapuram-Tempels einen Besucher auf die traditionelle indische Weise. Beim indischen Gruß (*namaskār*) werden die zusammengelegten Handflächen mit der »Blumenstraußgeste« (*añjali*) zuerst zur Stirn und dann zum Herzen geführt.

S. 28–29

Ländliche Szene, April 1996

Karnataka. Auf dem frisch gepflügten Feld mit rotem Lateritboden liest eine alte Bäuerin Reisig auf, das sie zum Kochen des Abendessens benötigt.

S. 30–31

Ländliche Szene, September 1994

Distrikt Khandava, Maharashtra. Am Ende der Regenzeit hat die Farbe Grün über das schmutzige Gelb der Trockenzeit triumphiert.

S. 32

Kuhherde, November 1987

Gujarat. Auf einem ausgedorrten Feld sucht eine Herde ausgemergelter Kühe nach Futter. Der Sanskrit-Begriff *go* steht für Kuh, aber auch für »Sonnenstrahl« und »spirituelle Erleuchtung«. Die letztgenannte Bedeutung erklärt die heilige Rolle, die die Kuh in Indien spielt, denn der indischen Überlieferung zufolge wurden die großen Weisen (die *ṛṣi* oder Seher) als Kühe wiedergeboren. Die indische Kuh, die wir Zebu nennen und die im Gegensatz zu der bei uns bekannten Kuh einen Buckel hat, symbolisiert die Nährmutter Erde, die Göttliche Mutter und Spenderin von fünf Produkten: Milch, Butter, Joghurt, Urin und Dung. Ihre Milch ist für die Inder der wichtigste Proteinlieferant. Ghee (»gereinigte Butter«) wird nicht ranzig und findet sowohl in der Küche als auch im Kult Verwendung. Kuhfladen dienen als Brennstoff beim Kochen der Speisen und werden, mit Erde vermischt, von den Dorfbewohnern noch anderweitig genutzt, indem sie die Fußböden und die Feuerstelle ihres Hauses damit bestreichen, um sie zu säubern und rituell zu purifizieren. Der Urin der Kuh gilt als Reinigungs- und Heilmittel, das viele Hindus zu sich nehmen.

S. 33

Kinder, November 1987

Gujarat. Indien ist im Verhältnis zu den Reichen des Westens in materieller Hinsicht arm, doch spirituell ist es ungemein reich und strahlt vollkommene Würde aus.

S. 36–37

Observatorium, März 1985

Jaipur, Rajasthan. Jaipur, die Hauptstadt des Bundesstaates Rajasthan, wurde vom Maharaja Jai Singh II. (1699–1743) gegründet, der der Nachwelt als Politiker, Städteplaner und Astronom in Erinnerung geblieben ist. Ihm ist die Tatsache zu verdanken, daß im Indien des 18. Jahrhunderts fünf Sternwarten errichtet wurden, von denen die in Jaipur die schönste und am besten erhaltene ist. Dieses hier abgebildete, aus Marmor und Stein in einem der Höfe des Palastes gebaute Observatorium (Jantar Mantar) fasziniert wegen seiner architektonischen und technischen Kühnheit. Die zahlreichen Instrumente, die sich dort befinden, benutzen die Pandits (die Weisen und Gelehrten) noch heute für astronomische Beobachtungen und zur Bestimmung der günstigsten Daten einiger bedeutender religiöser Feste. Die kreisförmigen, von Steinsäulen eingerahmten Instrumente, die auf S. 36 zu sehen sind, wurden aus einer Legierung angefertigt, die aus sieben Metallen besteht. Jeder Kreis, eingeteilt in 360 Grad, dreht sich um eine Achse, die parallel zur Achse der Erddrehung verläuft. Mit Hilfe eines hohlen Rohrs, das der Pandit auf den metallischen Radius des Kreises legt, beobachtet er den Himmel; die Position des beobachteten Sterns auf dem Kreis mit den Gradangaben gibt seine Position im All an. Bei dem Gerät auf S. 37 handelt es sich um eine Armillarsphäre; sie besteht aus zwei marmornen Halbkugeln, die in eine rechteckige Plattform aus Sandstein eingelassen sind. Die konkaven Halbkugeln haben einen Durchmesser von etwa 5,5 Metern und bilden die auf den Kopf gestellte Himmelssphäre ab. Der Rand der Halbkugeln, der ebenfalls in 360 Grad eingeteilt ist, stellt den Horizont dar. Der Mittelpunkt im Hintergrund steht für den Zenith, durch den die örtliche Meridianlinie geht. Die Größe dieses Instruments, genannt *Jaya Prakāś Yantra*, wird verdeutlicht durch die Figur des Pandits, der in die Halbkugel, eine auf den Kopf gestellte Himmelskarte, hinabgestiegen ist.

S. 38–39
Belebte Straße, Dezember 1983
Alt-Delhi. Dies ist die große Verkehrsader, die vom Roten Fort zur Fatehpur-Moschee in Alt-Delhi führt und die mit Fahrzeugen aller Art verstopft und von Tempeln, Basaren und Kinos gesäumt ist.

S. 42–43
Verkehrsstau, Dezember 1983
Alt-Delhi. Diese Straße, eine Art Fortsetzung des Chatta Chowk, die am Lahori-Tor endet, ist eine der verkehrreichsten Straßen von Alt-Delhi, ja vielleicht der ganzen Welt. Dort befinden sich auch der Großmarkt für Gewürze mit seiner außerordentlich reichen Palette an Farben und Düften und der Blumengroßmarkt. Die langen, schmalen, von Kulis gezogenen Wagen, die Fahrradrikschas und die Ochsenkarren kriechen hinter den Lastwagen und Elefanten her; letztere wurden als Werbeträger für ein Waschmittel engagiert.

S. 44
Straßenszene, Dezember 1983
Alt-Delhi. Die Fähigkeit der Inder, von Lärm und Getümmel zu abstrahieren, ist bewundernswert. Inmitten des größten Höllenspektakels ist jeder imstande, sich auf die Lektüre einer Zeitung oder den Geschmack einer Tasse Tee zu konzentrieren, und der Ohrenputzer, der Wasserträger oder der Handleser üben ihre Tätigkeit sorgfältig aus. Für den Fremden und vor allem für den Photographen ist es schwer, unbemerkt zu bleiben und zu verhindern, daß Gaffer in sein Blickfeld treten.

S. 45
Bettler, Oktober 1993
Benares (Varanasi), Uttar Pradesh. In den traditionellen Gesellschaften beruht die Existenzberechtigung des Bettlers darauf, daß er seinem Nächsten die Gelegenheit zu einer großzügigen Geste gibt.

S. 46–47
Kreuzung, Dezember 1983
Alt-Delhi. Siehe Bildunterschriften zu den S. 42–43 und 44.

S. 48
Lastenträger, Dezember 1983
Alt-Delhi. Auf dem handgezogenen Karren, für den sie verantwortlich sind, ruhen sich zwei Lastenträger für einen Moment auf den mit Waren gefüllten Säcken aus.

S. 49
Pontonbrücke, Januar 1988
Benares, Uttar Pradesh. Diese Pontonbrücke über den Ganges verbindet Benares mit Ramnagar. Sie wird während der Regenzeit abgebaut, doch in der Trockenzeit entlastet sie den Verkehr zwischen den beiden Ufern, denn sie kann zumindest von leichteren Fahrzeugen benutzt werden.

S. 50–51
Straße mit Trambahn, November 1993
Kalkutta. Die klapprigen Straßenbahnen Kalkuttas gehören ebenso wie die Rikschas zum Bild dieser Stadt, die immer wieder Staunen erregt; im Vordergrund hat ein Händler, der religiöse Bilder verkauft, eine Darstellung von Kālī, der Patronin der Stadt, aufgehängt.

S. 54–55
Fest für Gaṇeśa, September 1994
Bombay (Mumbai). Ganesh Chaturthi (das Fest für den Gott Gaṇeśa), das zwei Tage dauert, ist das wichtigste lokale Ereignis im Jahr. Riesige Tonfiguren des

populären Gottes mit dem Elefantenkopf werden in Prozessionen durch die Stadt getragen, um schließlich an den Stränden von Chowpathy, Worli, Mahim und Juhu im Ozean versenkt zu werden. Mit diesem Fest wird der Geburtstag des Gottes, des Sohnes von Śiva und Pārvatī, gefeiert, der Weisheit und Wohlstand symbolisiert und die Hindernisse, mit denen der Lebensweg jedes Menschen gepflastert ist, entfernt. Die Götterbilder können sehr klein sein und werden bei Privatleuten auf einen Altar gestellt; doch es werden auch gigantische Versionen angefertigt, die 10 Meter hoch sein können und vielleicht mehrere Tonnen wiegen und über 100 000 Rupien kosten. Dafür legen die Leute, die denselben Beruf ausüben oder aus demselben Viertel stammen, selbst Geld zusammen und suchen nach weiteren Finanzquellen. Am letzten Tag des Festes werden die Götterbilder, deren Zahl auf neuntausend geschätzt wird, in der Begleitung von Orchestern und Tänzern, Straßenmusikern und Spaßmachern zu 70 verschiedenen Stellen getragen, von denen aus sie ins Wasser geworfen werden (manchmal sind Kräne vonnöten, um die Statuen im Meer zu versenken, und man baut am Strand auch Aluminiumrutschen, damit sie ins Wasser gleiten können). Man schätzt, daß an dieser gigantischen Veranstaltung zehn Millionen Menschen teilnehmen, die dabei singen: »O Vater Gaṇeśa, komm nächstes Jahr wieder zu uns.«

S. 56
Ökumenisches Plakat, Januar 1989
Allahabad, Uttar Pradesh. In Indien, einem traditionell toleranten Land, findet der Ökumenismus einen guten Nährboden. Hinter einem Abstellplatz für Fahrräder sieht man auf einer volkstümlichen Wandmalerei vor einem Pippalbaum (*Ficus religiosa*), auf den das heilige Mantra *auṃ* (oder *oṃ*) gemalt ist, Vertreter aller Religionen vereint.

S. 57
Asket und Polizisten, Oktober 1993
Benares, Uttar Pradesh. Beim Vishvanath-Tempel unterhält sich ein *saṃnyāsin* (Asket) mit drei Polizisten. Dieses Bild symbolisiert die beiden stärksten Mächte der Welt: Armee und Religion, Schwert und Geist.

S. 59
Stoffwäsche, Dezember 1966
Ahmedabad, Gujarat. Von dieser Stadt, dem indischen Manchester, heißt es, sie sei auf drei Fäden gebaut: einem aus Seide, einem aus Gold und einem dritten aus Baumwolle. Die nach der Zahl ihrer Einwohner fünftgrößte Stadt Indiens ist berühmt für ihre Spinnereien und Färbereien. Die Stoffe werden im Fluß Sabarmati gewaschen, an dem diese Stadt liegt und nach dem auch der 1918 von Gandhi gegründete Aschram benannt ist.

S. 60
Śiva-Opfer, Januar 1990
Beraghat an der Narmada, Madhya Pradesh. Der *liṅgam* ist dieser zylindrische aufragende Stein, das Phallussymbol, das Śiva repräsentiert; es handelt sich um das schmuckloseste Bild, das von der Gottheit existiert und das zum Ziel hat, die Gläubigen in die Sphäre des unsagbaren Absoluten zu versetzen. Jeden Morgen opfern in ganz Indien Millionen von Gläubigen ihrem Lieblingsgott, sei es in der Natur, in einem Tempel oder auch im eigenen Hause.
Für die Brahmanen – die Angehörigen der höchsten Kaste erkennt man, wie hier, an der Schnur, die sie über der Brust tragen – ist dieses Ritual eines der kompliziertesten. Nur in seinen *dhotī*, den traditionellen Lendenschurz, gekleidet, gießt dieser Brahmane Wasser über den *liṅgam*. Danach wird er eine Reihe von Ritualen durchführen und diesen *liṅgam* zunächst mit Sandelholzpaste bestreichen und mit einer Blumengirlande schmücken, und dann wird er noch ein Räucherstäbchen abbrennen.

S. 61
Meditierender Sādhu, Dezember 1981
Gwalior, Madhya Pradesh. Verkürzt gesagt ist der *sādhu* ein Mensch, der auf irdische Güter und Versuchungen verzichtet hat, um sich einem spirituellen Leben zu widmen. Leute aus dem Westen können nur schwer ermessen, wie reich die Hindu-Tradition in dieser Hinsicht ist; deshalb sagen wir einfach nur, daß diese Weisen beziehungsweise Narren in ganz Indien verehrt werden und daß ihre Zahl in die Hunderttausende geht. Unter ihnen gibt es Anhänger von Śiva, Viṣṇu und der Großen Göttin; es gibt seß-

hafte und umherziehende, solche, die Yoga praktizieren oder unglaubliche Kasteiungen auf sich nehmen, solche, die ein Schweigegelübde ablegen oder in Totenstätten hausen, und solche, die vollkommen nackt umhergehen. Der hier photographierte *sādhu* heißt Shri Baba Ram Ratan Das Tyagi.

S. 62–63
Prozession von Hindu-Gläubigen, Februar 1989
Allahabad (Prayag), Uttar Pradesh. An diesem Montag, dem 6. Februar 1989, dem Neumondtag des Monats Magh (Januar/Februar) zieht eine Prozession der Heiligen und Weisen zum Saṅgam, dem Zusammenfluß dreier heiliger Flüsse – des Ganges, der Yamuna und der mythischen Saraswati –, zum größten rituellen Bad Indiens. Den Berechnungen der Astrologen zufolge war die Stellung der Sterne seit einhundertvierundvierzig Jahren nicht mehr so günstig gewesen. In diesem Jahr sind außerdem fünfzehn Millionen Pilger gekommen, um sich rituell zu purifizieren. Die Maha Kumbh Mela, die größte religiöse Versammlung der Welt, findet nur alle zwölf Jahre statt. Von einer unübersehbaren Menschenmenge umgeben, erleben wir vom erhöhten Beobachtungsposten der Polizei aus die Leidenschaft einer Nation, die die Heiligen und die Weisen und ihre Schüler auf Sänften trägt und wie Könige und Staatschefs verehrt.

S. 64
Baumstamm in Gestalt von Gaṇeśa, Januar 1990
Maheshwar an der Narmada, Madhya Pradesh. In diesem Baum kann man die stilisierte Form des Elefantengottes, mit Zinnober bemalt, erkennen. Man brauchte nur noch zwei Perlen anzubringen, um die Augen anzudeuten. Hier handelt sich um einen Gaṇeśa Svayaṃbhū (»Der durch sich selbst Entstandene«).

S. 65
Altar am Straßenrand, November 1993
Kalkutta. Vor einem kleinen Altar, der Hanumān, dem Affengott und Patron der Kämpfer geweiht ist, türmen sich die Tagetesgirlanden, die die Gläubigen diesem Gott bei ihrer morgendlichen *pūjā* opfern. Die Tagetes ist die in den Hindutempeln am häufigsten geopferte Pflanze, denn ihre orangegelbe Farbe symbolisiert die Entsagung.

S. 66–67
Markt, Dezember 1992
Bombay. Der 1869 gegründete Crawford Market war lange Zeit der größte Großmarkt der Stadt, auf dem man fast alles an Früchten, Gemüse, Blumen, Geflügel, Fisch und Fleisch kaufen konnte. Die Basreliefs, die die Friese an der Außenfassade des Gebäudes im gotisch-normannischen Stil zieren, stammen von Lockwood Kipling, dem Vater des Schriftstellers Rudyard Kipling. Obwohl die Großmärkte inzwischen in das neue Mumbai hinein verlagert wurden, bietet der Crawford-Markt, bekannter unter dem Namen Mahatma Phule Market, nach wie vor die beste Einführung in den Reichtum der indischen Produktion. Wie Hohepriester thronen die Händler über ihren Obstständen, und die Geschäfte zwischen Käufern und Verkäufern werden mit Hilfe eines geheimen Spiels der Finger unter einem Stück Stoff abgewickelt. Der Boden ist übrigens mit Steinplatten gepflastert, die eigens aus dem schottischen Caithness importiert wurden.

S. 68–69
Lastenträger, Dezember 1998
Kalkutta. Auf dem Kali Market in der Nähe des Sealdah-Bahnhofs handhaben Lastenträger geschickt die großen Tragekörbe, die zum Transport der Waren benutzt werden, und erholen sich nach getaner Arbeit.

S. 70–71
Geier, Januar 1988
Uttar Pradesh. Die Geier sind die Spitzen-Müllentsorger Indiens. Diese hocheffizienten Müllwerker ernähren sich von Kuh-, Büffel- und Elefantenkadavern. Die bei Tageslicht eher abstoßend wirkenden Vögel fliegen mit beträchtlicher Anmut und sind, im Gegensatz zu der weitverbreiteten Vorstellung, eigentlich scheu und feige und überlassen ihren Platz gern Hunden und Raben. In der Überlieferung wird der Geier sowohl mit der Erde als auch mit dem Himmel assoziiert. Mit der Erde, weil die Alten glaubten, daß die Höllengegenden vom König der Geier be-

herrscht würden, und mit dem Himmel, weil der Geier unter dem äußeren Anschein eines Fabelwesens, halb Mensch, halb Vogel, genannt Garuḍa, die Sonne selbst symbolisiert. Garuḍa ist das Reittier Viṣṇus.

S. 74
Bäuerin, Januar 1967
Ahmedabad, Gujarat. Die Hände dieser alten Frau sind ebenso zerfrucht wie ihr Gesicht. Die Leiden des Lebens hinterlassen bei den Armen tiefere Spuren als bei den Reichen.

S. 75
Heimkehr von den Feldern, März 1966
Kerala. Nach der Arbeit auf den Feldern herrscht, wie die lachenden und lächelnden Gesichter dieser Bäuerinnen verraten, Feierabendstimmung.

S. 78–79
Dorf im Dekkan, April 1982
Distrikt Mandu, Madhya Pradesh. In Indien scheint das Dorfleben bald von einer nahezu vollkommenen Heiterkeit geprägt zu sein, bald von den schrecklichsten menschlichen Dramen.

S. 80
Pfeifenraucher, Juli 1987
Samod, Rajasthan. Im 16. Jahrhundert führten die Portugiesen den Tabak in Indien ein, wo er rasch Anhänger fand. Die Wasserpfeife stammt aus ungefähr derselben Zeit und wurde in Indien durch die Perser bekannt gemacht. Aus einem Vergnügen, das dem Hof vorbehalten war, wurde das Wasserpfeiferauchen zu einer beliebten Freizeitbeschäftigung, der man heute aber nur noch auf dem Lande frönt. Dieser Dorfbewohner genießt einen Augenblick der Entspannung, indem er eine einfache Tonpfeife raucht.

S. 81
Rückkehr vom Brunnen, August 1987
Madhya Pradesh. Trinkwasser ist in Indien immer noch ein großes Problem, obwohl die Inder schon seit jeher Brunnen bohren und alle Herrscher bestrebt waren, das Land mit Wasserspeichern und Brunnen zu versorgen, von denen es eine Vielzahl von Typen gibt. Zu diesem Brunnen hier gelangt man über eine Wendeltreppe.

S. 82
Häusliche Szene im Dorf, März 1984
Udaipur, Rajasthan. Mit zärtlicher Geste versucht ein kleines Mädchen die Aufmerksamkeit seiner Mutter zu erregen, die gerade mit der Zubereitung des Essens beschäftigt ist.

S. 83
Frau beim Getreideworfeln, Februar 1966
Tamil Nadu. Eine junge Frau aus dem Dorf trennt mit Hilfe eines Siebs die Spreu vom Getreide.

S. 86–87
Augenblick der Entspannung, Dezember 1992
Poona (Pune), Maharashtra. Vor einer ausgeblichenen und verwitterten Wandmalerei entspannen sich Stadtbewohner, indem sie ihre Zeitung lesen oder das Leben und Treiben rundum betrachten. Links auf dem Bild sieht man, wie die Affenarmee die Brücke baut, welche Südindien mit Lanka (Ceylon, heute Sri Lanka) verbinden soll; rechts das Paar Rām-Sītā, in dem sich jedes indische Paar wiederzuerkennen versucht.

S. 88
Schachspieler, November 1989
Udaipur, Rajasthan. Vor einer blau getünchten Mauer mit den Symbolen der beiden großen politischen Parteien Indiens (Hand beziehungsweise Lotus) haben sich zwei Schachspieler auf dem Gehsteig niedergelassen und sind so sehr in ihr Spiel vertieft, daß sie die Anwesenheit des Photographen gar nicht bemerken.
Das Schachspiel soll ursprünglich aus Indien stammen. Śeṣa, Premierminister von Śri Rām, wollte dem Sohn des Königs, einem ausschweifend lebenden Prinzen, beweisen, daß der König ohne die Unterstützung des Volkes zu einem traurigen Schicksal verurteilt sei. Śri Rām war mit diesem neuen Spiel so zufrieden, daß er in allen Tempeln Schachbretter aufstellen ließ. Als der König dann Śeṣa fragte, welche Belohung er sich wünsche, bat dieser, daß in das erste Feld des Schachbretts ein Reiskorn gelegt wer-

den solle, daß die Anzahl der Körner im zweiten verdoppelt, im dritten wieder verdoppelt werden solle und so fort bis zum letzten Feld, und daß er die Menge, die am Schluß herauskäme, erhalten solle. Der König protestierte und sagte, eine so geringe Belohnung würde nicht ausreichen, doch da Śeṣa auf die Erfüllung seiner Bitte bestand, befahl der König, nach seinem Wunsch zu verfahren. Nachdem der Kämmerer des Königs die Menge der benötigten Körner hatte errechnen lassen, trat er zitternd vor den König, um ihm mitzuteilen, daß er außerstande sei, seinen Befehl auszuführen. Er erklärte ihm, daß zwar im ersten Feld nur ein einziges Reiskorn sei, im siebzehnten aber bereits 32768, was einem Pfund entspreche; was aber das vierzigste Feld anbelange, so erfordere es die kompletten Vorräte in den Speichern von 16384 Städten. Da es im Königreich gar nicht so viele Städte gebe, könne er den Befehl nicht ausführen. Der König war entzückt über Śeṣas Klugheit, überreichte ihm viele kostbare Geschenke und erklärte, daß die Genialität, die er mit der Formulierung seines Wunsches an den Tag gelegt habe, sogar noch das Talent übertreffe, das ihm erlaubt habe, das Schachspiel zu erfinden.

S. 89
Tempeltor, Februar 1994
Tirunelveli, Tamil Nadu. Einheimische gönnen sich vor dem schönen Holzportal eines Tempels in ihrer Nachbarschaft eine Siesta.

S. 90–91
Gaststätte, Januar 1992
Karnataka. Die meisten Gaststätten am Wegrand sind mit kitschigen Bildern von Göttern, Filmstars und Politikern dekoriert. Dieses Restaurant, wo ein Kunde auf sein Essen wartet, zeichnet sich durch seine Schmucklosigkeit aus.

S. 94–95
Blühende Krokusfelder, November 1981
Pampore, Kaschmir. Safran (*Crocus sativus*) heißen die Blütenstempel dieser violetten Blume, die nach vorsichtiger Trocknung zu Fäden von einer schönen orangeroten Farbe und mit süßem Duft und aromatischem, bitteren Geschmack werden. In Kaschmir blühen die Krokusse erst im Spätherbst und wachsen auch nur in der Gegend um Pampore. Als die Mogulkaiser Kaschmir annektierten, forderten sie Tributzahlungen in Form von Safran; doch Indien exportierte bereits zur Zeit der Tang-Dynastie Safran nach China, und einige chinesische Weine wurden, wie einst in Rom, mit Safran gewürzt. Der echte Safran, der als Schönheitsmittel für die Haut, als Medizin gegen Kopfschmerzen, als Aphrodisiakum und, heutzutage, vor allem als Küchengewürz verwendet wird, ist selten und sehr teuer.

S. 96
Chillie-Ernte, Dezember 1983
Kishangarh, Rajasthan. Chillies (Cayennepfeffer), die getrockneten Früchte des *Capsicum annuum*, spielen in der indischen Küche eine wichtige Rolle und werden im ganzen Land angebaut. Zur Erntezeit werden riesige Teppiche dieser scharlachroten Früchte ausgelegt und an der Sonne getrocknet. Die Chillies werden zerdrückt oder zerstoßen und dienen als Gewürz. Entweder allein oder mit anderen Kräutern oder Gewürzen vermengt bilden sie den berühmten *masālā*, die Grundlage aller indischen Currysaucen. Chillie ist ein feuriges Gewürz, das, richtig dosiert, den Geschmack der Speisen verstärkt. Indien ist *das* Land der Gewürze, deren medizinische und sonstige Eigenschaften seit Jahrtausenden bekannt sind, doch das beliebteste von allen – ebendieser berühmte Chillie – stammt nicht von dort. Der Cayennepfeffer kommt aus der Neuen Welt und ist spät in Indien eingeführt worden, zweifellos von den Portugiesen.

S. 97
Zwei Frauen aus dem Dorf, März 1984
Udaipur, Rajasthan. Bei einem Marktfest lassen sich zwei Schwestern das vor Ort hergestellte Fruchteis schmecken.

S. 100–101
Dorfbewohnerinnen auf der Kirmes, März 1982
Chaksu, Rajasthan. Es gibt sehr viele religiöse Feste, die von höchster Anteilnahme geprägt sind; mit ihnen gehen fast immer eine Kirmes und ein Markt einher. Hier haben Dorfbewohnerinnen das Fest Shitla Mata, ein Fest zu Ehren der Muttergöttin,

»Derjenigen, die erfrischt«, die die Kinder schützt und von den Pocken heilt, genutzt, um Terrakottakrüge zu kaufen.

S.102–103
Kamelmarkt, November 1966
Pushkar, Rajasthan. Der größte Kamelmarkt Indiens wird jedes Jahr in Pushkar, nahe Ajmer in Rajasthan, abgehalten, und zwar zur Zeit des Vollmonds des Monats Kartik (Oktober/November); gleichzeitig findet eine große Hindu-Wallfahrt statt, an der bis zu 200 000 Besucher teilnehmen und in deren Verlauf die Pilger im heiligen Wasser eines wunderschönen Sees baden.

S.104
Dorfbewohner am Lagerfeuer, November 1983
Pushkar, Rajasthan. Die Kirmes dauert mehrere Tage, und die Dorfbewohner schlafen an Ort und Stelle, unter freiem Himmel, nachdem sie auf dem Holzfeuer ihre *capāti* (Fladen) gebacken haben.

S.105
Porträt eines Bauern, November 1983
Pushkar, Rajasthan. Die Rajasthani sind die Nachfahren der Rajputen, jener stolzen Krieger, die lange Zeit gegen die Moguln kämpften, und zeichnen sich durch ihre edlen Gesichtszüge aus. Die Männer tragen schöne Schnurrbärte, elegante farbige Turbane und häufig auch Ohren- und Halsschmuck.

S.106
Pilgerinnen, Februar 1989
Allahabad, Uttar Pradesh. Für eine Wallfahrt, also einen Besuch an einem heiligen Ort, gibt es keine Altersgrenze. Auf Hindi sagt man *tīrtha yātrā*, d. h. wörtlich »eine Reise zu den Furten der Flüsse machen«. Es gibt unzählige heilige Orte, und die Wallfahrt, die sowohl eine physische als auch eine mentale Anstrengung bedeutet, gehört zum Leben des Inders dazu.

S.107
Lächeln, März 1984
Chaksu, Rajasthan. Eine junge Frau vom Lande begleitet ihre Mutter zum Shitla-Mata-Fest.

S.108
Die heilige Silbe Oṃ oder Auṃ
Auṃ steht für den Urlaut und enthält zugleich alle Laute. Dieses Mantra ist das abstrakteste Symbol des Göttlichen und das Instrument der mystischen Realisation. Es impliziert eine Unterwerfung, die in Wirklichkeit eine Realisation ist. Als heilige Anrufungsformel wird sie auch »der Fährmann« genannt, weil sie zum anderen Ufer, das heißt, zur Erfahrung des höchsten Seins, führt.

S.109
Bauernfamilie, November 1983
Pushkar, Rajasthan. Der Anblick all dieser Familien, die in ihrem schönsten Sonntagsstaat von überallher – zu Fuß, auf dem Wagen, mit dem Traktor oder mit dem Bus – zum Fest strömen, erfreut die Sinne und das Herz, denn jeder einzelne strahlt Freude aus.

S.112–113
Deckendekor, Februar 1993
Rameshwaram, Tamil Nadu. Der Rāmanāthaswāmī-Tempel in Rameshwaram ist ein bemerkenswertes Beispiel für die spätdravidische Architektur; einzigartig sind seine vier imposanten Wandelgänge mit ihren skulpturenverzierten Säulen. Hier sieht man ein Motiv des Deckenschmucks in einem dieser Korridore.

S.114–115
Reisfelder, März 1987
Kaschmir. Wenn man von der indischen Ebene in Richtung Srinagar, der Hauptstadt Kaschmirs, fährt, gelangt man zum Banihal-Tunnel. Bei der Ausfahrt aus diesem Tunnel breitet sich vor dem Reisenden eine Landschaft mit Reisfeldern aus, die jedes noch so verwöhnte Auge erfreut. Nachdem man die Hitze und den Staub hinter sich gelassen hat, weckt dieser erfrischende Anblick, den die Mogulherrscher so schätzten, Gedanken an das Paradies.

S.116–117
Deckendekor, Februar 1993
Mīnakśī-Tempel, Madurai. Zweifelsohne ist dies der außergewöhnlichste der Tempel des Südens aufgrund seiner Architektur, des Reichtums an Skulp-

turen, die seine *gopuram* schmücken, doch vor allem aufgrund der unglaublichen Dynamik, die ihn belebt, und der Flut des Lebens, die ihn durchströmt. Zitieren wir, was André Malraux in seinen *Antimemoiren* dazu schreibt: »Die Bauernfrömmigkeit scheint babylonische Türme aufgerichtet zu haben, die ein Gewimmel von Göttern wie wucherndes Wachstum überzieht, wie sie die Türme von Chartres aufgerichtet hat [...]. Ich entdeckte, daß unsere Kathedralen mit Christen bevölkert sind, die reglos knien, sitzen, stehen. Ich wandelte durch die endlosen Galerien einer Kathedrale ohne Schiff, deren über und über mit Schwalben bestückte neun Türme unversehens unter einem Baldachin erhaben kreisender Adler in die Höhe stießen.« Dieses Deckendekor besteht aus einem *yantra*, einem rituellen Diagramm.

S. 118–119
Landschaft in den Westghats, Oktober 1982
Maharashtra. Wir befinden uns im Dekkan, auf der eigentlichen Halbinsel Indiens, der Südspitze im weiteren Sinne, einer von der Witterung geschliffenen Gneisformation, gebildet von 300 bis 1000 Meter hohen Hochebenen und umschlossen von bergigen »Wülsten«, den sogenannten Ghats oder »Treppen«. Die Westghats, die auf diesem Bild zu sehen sind, erreichen im Süden eine Höhe von über 2000 Metern und beherrschen mit ihren schroffen Hängen diese Ebene. Das hier vorherrschende Grün beweist, daß wir am Ende der Regenzeit sind. In diesen Bergen hielten Śivājī und seine Marathenkrieger den mächtigen Mogulherrscher Aurangzeb in Schach.

S. 120–121
Deckendekor, Januar 1993
Tempel in Chidambaram, Tamil Nadu. Im Śrī-Śiva-Kāma-Tempel, Sundasi Ambigai, dient ein anderes *yantra* dazu, das Denken auf die Idee des Göttlichen zu konzentrieren.

S. 122–123
Karakorumgebirge, Juli 1978
Ladakh. In gewisser Weise ist dies der trockene Himalaja, der bisweilen einer Mondlandschaft ähnelt und aus kahlen Bergen besteht, denen der gewittrige Himmel eine dramatische Note hinzufügt.

S. 124–125
Deckendekor, Februar 1993
Mīṇākṣī-Tempel, Madurai, Tamil Nadu. Dieser Tempel ist Śiva geweiht, der hier Sundareśvara, »der schöne Gott«, genannt wird, und seiner Gemahlin Mīṇākṣī, der »Fischäugigen Göttin«.

S. 126–127
Karakorumgebirge, Juli 1978
Ladakh. Wie auf den Seiten 122–123 befinden wir uns auf der Route, die von Srinagar nach Leh, der Hauptstadt von Ladakh, führt, einer der höchstgelegenen und spektakulärsten Straßen der Welt.

S. 128–129
Mystisches Diagramm, März 1994
Tantrische Schule, Kerala. Stoffgemälde, auf dem Śrī Yantra abgebildet ist, das wirksamste Yantra, auch Śrī Cakrā oder Glücksrad genannt; dies ist das Diagramm der Schönheit und der Harmonie, das das Prinzip der universellen Göttin symbolisiert. Es wird im tantrischen Kult vielfach benutzt.

S. 130–131
Karakorumgebirge, Juli 1978
Ladakh. Siehe S. 122–123 und 126–127.

S. 134–135
Portal des Stupa von Sanchi, April 1982
Sanchi, Madhya Pradesh. Auf dieser Vorderansicht des Osttors sieht man einen Ausschnitt aus der unteren Travée. Abgebildet ist der Besuch des Kaisers Aśoka beim Bodhi-Baum (dem Baum, unter dem der Buddha die Erleuchtung empfing). Der heilige Baum befindet sich in der Mitte; rechts steigt Aśoka, begleitet von der Königin und seinem Gefolge, von seinem Elefanten ab; ein zweites Mal erkennt man ihn, wie er am Fuße des Aufbaus, der den Baum trägt, die Hände zum Gebet faltet. Da die Steinmetzarbeiten von Elfenbeinschnitzern ausgeführt wurden, sind die Details besonders fein ausgearbeitet.

S. 136
Großer Stupa, April 1982
Sanchi, Madhya Pradesh. Der eigentliche Stupa wurde unter der Herrschaft des großen Kaisers

Aśoka errichtet und geht also auf das 3. Jh. v. Chr. zurück, doch die vier mit prächtigen Skulpturen verzierten Eingangsportale, die die vier Himmelsrichtungen anzeigen, stammen aus dem 1. Jh. v. Chr.

S. 137
Buddhakopf, April 1994
Mathura, Uttar Pradesh. Dieser Buddhakopf aus Stein stammt aus der Guptazeit (5. Jh. n. Chr.) und befindet sich heute im Archäologischen Museum von Mathura.

S. 138–139
Karakorumgebirge, Juli 1978
Ladakh. Siehe Legenden zu den Bildern auf den Seiten 122–123, 126–127 und 130–131.

S. 140
Tibetischer Mönch, Juli 1966
Dalhousie, Himachal Pradesh.

S. 141
Junger Mönch mit seinem Meister, Juli 1966
Dalhousie, Himachal Pradesh.

S. 143
Die heilige Silbe Oṃ oder Auṃ.
Siehe Bildunterschrift zu S. 108.

S. 144
Jaina-Tempel, April 1985
Mount Abu, Rajasthan. Der Vimala-Vasahi-Tempel in Dilwara, der auf das 2. Jahrhundert zurückgeht, ist mit seinen skulpturenreichen Säulen, die durch Girlanden – Ajour-Arbeiten aus Marmor – miteinander verbunden sind, ein fein ziseliertes Juwel aus Marmor. Von diesem zauberhaften Heiligtum der Jainas heißt es, die Künstler seien nach dem Gewicht des Marmorstaubes bezahlt worden, den sie aus dem behauenen Block herausfeilten: Ziel war, sie anzuspornen, ihre Skulpturen immer weiter zu verfeinern. Außerdem handelt es sich um einen vielbesuchten Tempel, in dem die Gläubigen gewissenhaft ihre Andachten verrichten.

S. 145
Gläubige Frau in einem Tempel, Dezember 1966
Mount Abu, Rajasthan. Der Luna-Vasahi-Tempel stammt aus dem 13. Jahrhundert, doch seine Skulpturen sind von derselben Qualität wie die des Vimala-Vasahi-Tempels.

S. 146–147
Jaina-Tempel in Palitana, November 1987
Gujarat. Südwestlich des Hafens von Bhavnagar, auf der Halbinsel Kathiawar, die auf den Golf von Cambay und das Arabische Meer blickt, liegt Palitana, die Stadt der Tempel; sie besteht eigentlich nur aus einem einzigen Tor. Dieses führt zum Shatrunjaya, dem Platz des Sieges, von dem aus man über zwei Kilometer Treppen hinaufsteigt, die zum Gipfel eines sechshundert Meter hohen Hügels führen, auf dem sich 863 Tempel, fast ausschließlich Jaina-Tempel, drängen. Bei Einbruch der Dunkelheit verlassen selbst die Priester die Tempel, weil die Anlage in der Nacht ganz allein den Göttern geweiht ist. Diese kleine, von Mauern umgebene Stadt ist für die Jaina-Gläubigen zu einem heiligen Wallfahrtsort geworden. Die Tempel stammen aus der Zeit nach 1500, denn sie sind im 14. und 15. Jahrhundert von den Muslimen zerstört worden. Dieses Bild ist vom muslimischen Heiligtum Angar Pir aus aufgenommen; hier finden sich unzählige Miniaturwiegen als Votivgaben von Frauen, die sich Kinder wünschen.

S. 150–151
Jaina-Asket am Fuße einer Statue von Bahubali, Dezember 1993
Shravanabelagola, Karnataka. Alle zwölf oder dreizehn Jahre ist die kleine Stadt Shravanabelagola Schauplatz eines Festes der Jainas, der sogenannten Maha Mastahabhisheka – die Große Salbung –, in deren Verlauf die Statue eines bedeutenden Jaina-Heiligen, Bahubali, in Anwesenheit von dreihunderttausend Pilgern feierlich im Wasser »gebadet« wird. Diese aus einem einzigen 18 Meter hohen Granitblock gehauene Statue des »Schönen Herrn«, des vollkommenen Jaina, desjenigen, dem es gelungen ist, sich vom Verlangen und der Illusion zu befreien, um sich mit dem Kosmos zu verschmelzen und Gott zu werden, wird während der Zeremonie mit sieben

wertvollen Erzeugnissen begossen, und zwar von jenen privilegierten Gläubigen, die auf ein eigens aufgestelltes Gerüst, das bis auf die Höhe des Kopfes des Kolosses reicht. Hier, zwischen den Füßen der Statue, betrachtet ein *digambara* (ein »Raumumhüllter«) oder Jaina-Asket, der vollkommen nackt lebt und umherwandert, die letzten Blütenblätter, die in Verehrung des Heiligen vom Himmel geschwebt sind.

S.153
Pilger, Februar 1994
Tiruchendur, Tamil Nadu. Asketisches Gesicht und Oberkörper eines betagten Pilgers, der am Masi-Fest teilnimmt, bei dem der Gott Subrāmanian, Śivas Sohn, verehrt wird.

S.154–155
Ein sādhu unter einem Banyanbaum, April 1982
Mandu, Madhya Pradesh. Ein *sādhu* – in der Religion der Hindus ein heiliger Mann, der ein Wanderleben führt – hat sich unter einem Banyanbaum niedergelassen. Die *sādhu* sind die rätselhaftesten Persönlichkeiten der indischen Gesellschaft. Sie gehören keiner Kaste an, und ihre Position ist ambivalent: Sie haben sich außerhalb der Gesellschaft gestellt, sind aber vollkommen von ihr abhängig, und genau diese Gesellschaft, von der sie sich in gewisser Weise losgesagt haben, ernährt und verehrt sie. Sie genießen alle Vorrechte und stehen, mit Blick auf die Hierarchie, über den anderen Menschen.

S.158
Dorfmoschee, November 1992
Khuldabad, Maharashtra. Drei Kilometer von den berühmten Höhlen von Ellora entfernt, in der Nähe des Grabmals von Aurangzeb, dem letzten großen Mogulherrscher, strahlt diese kleine Moschee etwas von der ruhigen Erhabenheit muslimischer Heiligtümer aus.

S.159
Muslim, April 1984
Ajmer, Rajasthan. Dieser Verkäufer antimonhaltiger Augensalbe, die dazu dient, die Augen zugleich zu schminken und zu schützen, ist der Prototyp des würdevollen muslimischen Händlers.

S.160
Muslimische Frau, Januar 1984
Hyderabad, Dekkan. Diese junge Frau besucht die im Herzen der Altstadt gelegenen Nizam-Gräber nahe der Moschee, die den Beinamen »Mekka« trägt.

S.161
Große Moschee, Februar 1965
Fatehpur Sikri nahe Agra, Uttar Pradesh. Vermutlich handelt es sich hier um eine Kopie der Moschee von Mekka. Sie liefert ein schönes Beispiel für die gelungene Verschmelzung von muslimischer und hinduistischer Architektur.

S.162–163
Spiel von Licht und Schatten, Dezember 1981
Fatehpur Sikri bei Agra, Uttar Pradesh. Die muslimische Kunst ist bestrebt, das Licht einzufangen, und betrachtet die Welt durch Wandschirme aus durchbrochenem Marmor, wie etwa im Taj Mahal, oder durch die holzgeschnitzten Fenster der Privatwohnungen oder durch Muscharabien aus Sandstein wie hier in Fatehpur Sikri.

S.164
Muslim, Oktober 1982
Ahmedabad, Gujarat. Dieser indische Muslim in der Moschee von Sarkhej hat seine Haare mit Henna gefärbt.

S.165
Perlenmoschee, März 1971
Rotes Fort, Alt-Delhi. Die drei zwiebelförmigen Kuppeln der Perlenmoschee im Roten Fort, durch einen Bogen hinter der Halle für Privataudienzen gesehen. Diese Moschee aus Marmor wurde 1659 von Aurangzeb gegenüber den königlichen Bädern errichtet.

S.166–167
Dal-See, November 1981
Srinagar, Kaschmir. An einem schönen Herbstabend gleitet ein Shikara über den Dal-See. Daß das Wasser des Sees so klar ist, erstaunt, denn sämtliche Abfälle aus den Hausbooten landen im See, und es gibt keine Kläranlage.

S. 168
Karawane, Taj Mahal, Dezember 1981
Agra, Uttar Pradesh. Das berühmteste Bauwerk Indiens ist hier vom anderen Ufer der Yamuna aus photographiert, und zwar in dem Augenblick, da eine Dromedar-Karawane den Fluß überquert. Über dieses Wunderwerk der Anmut ist bereits alles gesagt worden, und doch weisen unsere Kenntnisse immer noch Lücken auf, was nicht weiter verwundert, besitzt Indien doch seit jeher eine Vorliebe für das Geheimnisvolle.

S. 169
Muslimische Frau, Januar 1984
Hyderabad, Dekkan. Dem Sari – dem Kleidungsstück der Hindufrauen, das die Formen des Körpers betont und ihnen schmeichelt – steht die Burqa gegenüber, das weite Gewand der muslimischen Frauen, das ihren Körper vielmehr schützend verhüllt und versteckt. Doch in Hyderabad ist der Schleier der Musliminnen leichter und oft sogar durchsichtig.

S. 170–171
Grabmal des I'timād ud-Daulah, März 1978
Agra, Uttar Pradesh. Zwei Kilometer vom Taj Mahal entfernt, birgt am gegenüberliegenden Ufer ein zweites Kleinod der indo-muslimischen Baukunst, das Grabmal des I'timād ud-Daulah, einen reichen Intarsienschatz; hier gibt es vor allem weißen Marmor mit Halbedelstein-Inkrustationen zu bewundern. Zum Gedächtnis an ihren Vater ließ es Nūr Jahān (»Licht der Welt«), die Gemahlin des Kaisers Jahāngīr und Tochter seines Wesirs, errichten; von den Bewohnern der Stadt Agra wird es »Baby-Taj« genannt. Im Gegenlicht kommen die beiden Muslimfrauen, die die in Indien nach dem Sari am weitesten verbreitete Kleidertracht Salwar Kamiz tragen, besser zur Geltung; diese Kombination besteht aus einer Hose, die am Fußknöchel oder über dem Bein geschlossen wird, und einem langen, darüber getragenen Hemd.

S. 173
Goldener Tempel, April 1968
Amritsar, Punjab. Dieser den Sikhs heilige Tempel-Palast oder Goldener Tempel erhebt sich inmitten eines künstlich angelegten Sees, genannt »Teich der Unsterblichkeit«.

S. 174–175
Wächter des Goldenen Tempels, April 1968
Amritsar, Punjab. Bei den Sikhs, einer religiösen Bruderschaft, die 1469 von Guru Nānak auf der Grundlage eines reformierten Hinduismus, vermischt mit muslimischen Elementen, gegründet wurde, präsentieren sich die Nihang (persisch: Krokodile) als eine Art Elitekorps. 1699 von dem zehnten und letzten Sikh-Guru, Guru Gobind, ins Leben gerufen, tat sich dieses Korps in den Kriegen mit den Afghanen und den Briten oft hervor. Die fast immer bewaffneten Männer erkennt man an ihrer blauen Uniform und dem hohen Turban, der von einer Art Wappenschild aus Stahl überragt wird. Diese edlen Ritter und Glaubenshüter der Sikhs beschwören Erinnerungen an Ritterehre und alten Heldenmut herauf.

S. 176
Blumenmarkt, Juli 2001
Kalkutta, Bengalen. Blumenmarkt, aufgenommen von der Howrah-Brücke. Hier werden hauptsächlich Girlanden aus Tagetes feilgeboten. Diese schönen gelb-orangen Blumen sind den Göttern vorbehalten und werden in den Tempeln Indiens millionenfach als Opfer dargebracht.

S. 177
Der Fluß Hooghly, Juli 2001
Kalkutta, Bengalen. Die Schiffahrt auf dem Hooghly wird durch die ständige Wanderung der Sandbänke und durch Untiefen sehr erschwert. Der Unterschied zwischen Ebbe und Flut beträgt in Kalkutta 3,5 Meter.

S. 179
Scheiterhaufen, Dezember 1966
Ahmedabad, Gujarat. Am Sabarmati-Ufer haben sich um einen brennenden Scheiterhaufen die Familienangehörigen und Freunde des Toten versam-

melt. Der Leichnam wird zuerst bis zu den Knien in den Fluß getaucht und rituell gereinigt und dann auf den mit Kuhfladen bedeckten Scheiterhaufen gelegt. Der älteste Sohn entzündet diesen mit Feuer, das er vom häuslichen Herd mitgebracht hat. Die Kremation dauert drei bis vier Stunden. Es handelt sich um ein regelrechtes Opfer, das Agni, dem Gott des Feuers, dargebracht wird. Die Organe des Verstorbenen werden beschworen, damit sie zu ihren jeweiligen Quellen zurückkehren: Die Augen zur Sonne, der *prāṇa* (Lebenshauch) in die Atmosphäre, das *manasa* (Verstand, Bewußtsein) zum Mond und die Leiche zur Erde. Ein bewegender Abschied, der den Leichnam den kosmischen Elementen zurückgibt, von denen er stammt. Wenn Leiche und Holz verbrannt sind, wird die Asche eingesammelt und in den Fluß gestreut.

S. 182–183
Ambulanter Barbier, Dezember 1993
Shravanabelagola, Karnataka. Zahlreiche Einmannbetriebe sind in Indien auf offener Straße tätig, insbesondere während der Wallfahrten, und der Kunde ist daran gewöhnt, daß ihm die Passanten zusehen, und läßt sich dadurch nicht im geringsten stören.

S. 184
Bahnsteig, Juli 2001
Howrah, Kalkutta. Einfahrt eines Zuges; manche indische Züge haben für Frauen reservierte Waggons, sogenannte »Ladies' compartments«. Indien besitzt das viertgrößte Eisenbahnnetz der Welt; täglich verkehren etwa elftausend Züge, die mehr als neun Millionen Passagiere befördern.

S. 185
Muslimpilger, März 1985
Ajmer, Rajasthan. Jedes Jahr versammeln sich riesige Menschenmengen in Ajmer, um an den Tod eines der größten muslimischen Heiligen Indiens, Mu'īn ad-Din Chistī, »der Freund der Armen«, zu erinnern, der im 12. Jahrhundert hier gelebt hat.

S. 186–187
Pilgermenge, Februar 1989
Allahabad, Uttar Pradesh. Eine unübersehbare Menschenmenge zieht zum Ufer des Saṅgam, des Zusammenflusses der drei heiligen Flüsse (Ganges, Yamuna und der mythischen Saraswati), zum heiligsten rituellen Bad Indiens. Diese religiöse Versammlung der Hindus findet alle zwölf Jahre statt. Es handelt sich um die berühmte Maha Kumbh Mela, »die Große Kirmes der Amphore«; der Name ist eine Anspielung auf die Amphore mit dem Nektar, um den die Götter und die Dämonen sich stritten und von dem einige Tropfen auf vier heilig gewordene Orte – Prayag (Allahabad), Haridwar, Nashik und Ujjain – fielen, in denen diese berühmte Kirmes abwechselnd alle drei Jahre abgehalten wird. Das Photo wurde von einem Beobachtungsturm der Polizei aus aufgenommen.

S. 189
Teepause, November 1993
Eluru, Andhra Pradesh. Indischen Tee, der zusammen mit Milch und Gewürzen gekocht wird, trinkt man sehr stark, vor allem im Norden. Der Inder nimmt mindestens fünf oder sechs Tassen pro Tag zu sich. Der Teetrinker gießt die Flüssigkeit gern in die Untertasse, um ihn abzukühlen, und saugt ihn mit einem lauten Geräusch ein, ohne sich im geringsten zu genieren.

S. 192
Fischerboote, Juli 1977
Malabarküste, Kerala. Diese langen Pirogen, auch Schlangenschiffe genannt, deren Bug an einen Drachen erinnert, werden für den Fischfang im Meer verwendet, doch sie werden auch am Ende der Regenzeit für spektakuläre Wettfahrten auf den Kanälen und den Seen eingesetzt, Wettrennen, denen die begeisterten Mengen von den Ufern aus zusehen.

S. 193
Fischer, April 1986.
Sind, Pakistan.

S. 196–197
Segelboothafen, Oktober 1966
Bombay. Der alte Segelboothafen beschwört in der Monsunzeit die märchenhafte Welt Sindbads des Seefahrers herauf, als diese berühmten Boote des Arabischen Meers, von den Winden angetrieben, die Küsten Indiens erreichten.

S. 198–199
Bau eines Segelbootes, März 1994
Distrikt Calicut, Kerala. Unweit der Stelle, an der Vasco da Gama 1498 die Malabarküste erreichte, verfügt die kleine Stadt Beypore über die letzten Schiffswerften in Indien, die noch traditionelle Segelboote bauen. Reiche Reeder aus den Arabischen Emiraten vergeben Aufträge hierher, denn der Bau des Rumpfes dieser hochseetüchtigen Schiffe erfordert spezialisierte Handwerker und die Nähe von Wäldern, die Teakholz liefern, das einzige Holz, das für den Bau dieser Schiffe verwendet wird.

S. 202–203
Traditionelle Salbung, Dezember 1993
Shravanabelagola, Karnataka. Siehe Bildunterschrift zu den Seiten 150–151. Auf Seite 202 wird der Kopf des heiligen Helden mit Kumkumpulver überschüttet. Aus diesem roten Pulver, das auf allen Märkten Indiens verkauft wird, besteht auch der rote Punkt – *tilaka* –, den sich die Inderinnen mitten auf die Stirn tupfen, ein schützendes Zeichen, das üblicherweise den verheirateten Frauen vorbehalten ist. Auf Seite 203 wird Bahubali mit Milch begossen.

S. 206–207
Scheiterhaufen, September 1987
Ayodhya, Uttar Pradesh. Siehe Bildunterschrift zu Seite 179. In dieser religiös geprägten Stadt, die mit zahlreichen Episoden des *Rāmāyana* assoziiert wird, finden die Leichenverbrennungen an den Ufern der Gogra statt, wo insbesondere Rām, die siebte Inkarnation Viṣṇus, angerufen wird.

S. 210–211
Am Ufer der Narmada, Januar 1990
Nemawar, Madhya Pradesh. Der Fluß Narmada ist besonders heilig, da allein sein Anblick genügt, das Herz zu reinigen. An seinen Ufern ist bei Sonnenaufgang, dem bevorzugten Augenblick für das rituelle Bad der Hindus, eine rege religiöse Aktivität zu beobachten.

S. 213
Tempeldiener, März 1989
Nathdwara, Rajasthan. In Nathdwara bestimmt die Anwesenheit eines Bildes von Śrināthjī, der Inkarnation des Gottes Kṛṣṇa im Alter von sieben Jahren, das geschäftige Treiben einer ganzen Stadt. Manchmal sind bis zu tausend Offizianten aktiv. Achtmal am Tag wird das Heiligtum für den *darśan* geöffnet – die Schauung –, und diese Schauung der Gottheit gilt als spirituelle Erfahrung, die zur Erleuchtung führen kann.

S. 214–215
Tempel von Rameshwaram, Februar 1993
Rameshwaram, Tamil Nadu. Diese Stadt, auch »Benares des Süden« genannt, ist für die Hindus ein bedeutender Wallfahrtsort, und zwar für Shivaiten wie für Vishnuiten. Der Tempel von Rameshwaram ist vor allem wegen seiner herrlichen Wandelgänge, die von Säulen mit reichem Skulpturenschmuck gesäumt sind, berühmt. Der Überlieferung zufolge heiligte Rāma diesen Ort dadurch, daß er nach der Schlacht von Sri Lanka hier dem Gott Śiva opferte.

S. 219
Kleiner Junge, März 1989
Girnar, Gujarat. Ganz Indien wimmelt von kleinen Straßenhändlern, die eine Vielzahl lokaler Erzeugnisse anbieten, insbesondere reizvolle und originelle Spielsachen, die von Hand hergestellt werden. Dieser kleine Junge hat soeben glänzende Rasseln aus Pappmaché geschenkt bekommen.

S. 220–221
Vorbereitungen zur Kathakalī-Aufführung, März 1993
Cheruthuruthy, Kerala. In Cheruthuruthy, 30 Kilometer nordöstlich von Thrissur, befindet sich die berühmte, 1930 gegründete Akademie der Künste von Kerala, *Kalamandalam*, in der die traditionellen Künste Südindiens gelehrt werden. Das ausgeklü-

gelte Tanztheater *kathakalī* tritt mit üppig aufgeputzten Figuren auf, welche die Götter und die Dämonen der Epen der Hindus, Symbole des Krieges zwischen den Kräften des Bösen und des Guten, darstellen.

S. 222–223
Kathakalī-Aufführung, März 1966
Irinjalakuda, Kerala. Das ganze Dorf hat Geld zusammengelegt, um sich eine solche Darbietung leisten zu können, die in der Regel die ganze Nacht hindurch dauert. Alle Rollen werden von Männern gespielt. Die Tänzer tragen prächtige Kleider und erlesenen Kopfputz; sie drücken sich durch Gesten der Hände – *mudrā* – und durch komplizierte Augenbewegungen aus, die in ihrem Gebärdendialog an die Stelle bestimmter Wörter treten. Selbst die Farben haben eine Symbolik. So ist Grün die Farbe des Ritters ohne Furcht und Tadel, wie Bhīma, der hier zusammen mit seiner Gemahlin Draupadī auftritt.

S. 226–227
Arbeit im Reisfeld, Juli 1977
Bengalen. Aus klimatischen Gründen gibt es ein Weizen-Indien und ein Reis-Indien. Letzteres erstreckt sich über die Regionen mit tropisch feuchtem Klima, wie hier, in Bengalen, während des Monsuns.

S. 229
Bewässerungsmethode, Februar 1966
Tamil Nadu.

S. 230–231
Backwaters, März 1994
Region Vaikom, Kerala. Die Küste von Malabar ist eine von Lagunen und Kanälen, den sogenannten Backwaters, geprägte Landschaft. Wir befinden uns hier zwischen Ernakulam und Vaikom; die Schiffe befördern vor allem Sand, der mit Hilfe großer Weidenkörbe ausgeladen wird; die Schiffer bewegen sich mittels langer Staken im Wasser fort.

S. 232–233 und 234–235
Kalarippayat, März 1994
Kerala. Das *kalarippayat* soll der Urahn aller Kampfsportarten des Ostens sein. In Kerala wird es immer noch in der traditionellen Form, und zwar sowohl von Jungen als auch von Mädchen, praktiziert. Man trainiert in großen Hallen mit rechteckigem Grundriß, die zur Hälfte in den Boden eingelassen und mit einem Laubdach bedeckt sind. Nach kräftigen Massagen mit Öl, die den Körper geschmeidig machen sollen, erteilt der Meister seinen Unterricht: Man steht sich mit Stöcken, traditionellen Hiebwaffen, aber auch mit bloßen Händen gegenüber. Hier trainieren zwei Schwestern in Cannanore und bieten uns ein hinreißendes Schauspiel, eine Mischung aus Geschicklichkeit, Schönheit und Kraft.

S. 236–237
Frau aus dem Süden, Dezember 1993
Mysore, Karnataka. Das Haar der Inderinnen, vor allem der Südinderinnen, ist fast immer mit Blumen geschmückt.

S. 238–239
Backwaters, Juli 1977
Kerala. Unter dem Baldachin der Kokospalmenwipfel verkehren auf den Wasserwegen des Landesinneren die *vaḷḷam*, Gegenstücke zu den chinesischen Sampans.

S. 240
Veda-Schule, Februar 1994
Kumbakonam, Tamil Nadu. Die Veda-Schulen stehen nur jungen Brahmanen offen; hier erkennt man ihre Zugehörigkeit zu den beiden großen Strömungen des Hinduismus, zum Shivaismus und zum Vishnuismus. Aufgabe dieser Schulen ist es, den Schülern beizubringen, die Veden auswendig zu rezitieren, heilige Texte, die seit dreitausend Jahren von Generation zu Generation mündlich überliefert worden sind. Die Veda-Schulen sind die lebenden Bibliotheken des ewigen Indien. Für die Hindus ist nicht nur die Bedeutung, sondern auch der Klang der Worte heilig; denn die *ṛṣi*, die Weisen und Seher, haben den Veda direkt von Brahmā »geschaut«. Der Veda soll älter sein als das Universum, das seinerseits aus der Silbe *Oṃ* entstanden sein soll.

S. 241
Junger Brahmane, Februar 1994
Kumbakonam, Tamil Nadu. Dieser junge Tamile trägt auf der Stirn das Erkennungszeichen der Shivaiten (drei waagrechte Striche), während das Erkennungsmal der Vishnuiten aus zwei senkrechten Strichen besteht.

S. 242–243
Veda-Schule, März 1994
Trivandrum, Kerala. Ab dem Alter von sieben Jahren wird der junge Brahmane nach der Zeremonie der »Verleihung der heiligen Schnur« zehn Jahre lang unter der Anleitung eines Lehrers die fehlerlose Rezitation der Hymnen, die den großen Gottheiten huldigen, auswendig lernen und seine Fingerknöchel zu Hilfe nehmen, um jeden einzelnen Ton zu memorieren.

S. 244–245
Westghats, März 1994
Kerala. Ghats – wörtlich »Treppen« – werden jene Berge genannt, die über eine Länge von 1500 Kilometern in Stufen zum Meer hin abfallen. Dieses Panorama, das von einem Hügel im Distrikt Kumily aufgenommen wurde, ermöglicht es, die Berge mit ihren abgerundeten Kuppen zu überblicken, deren höchster Gipfel 2687 Meter und damit der höchste Berg Indiens südlich des Himalaja ist; bis zu einer Höhe von 2000 Metern erstrecken sich hier Teeplantagen. Die Ostghats, die sich an der Coromandel-Küste entlangziehen, sind wesentlich niedriger.

S. 246–247
Ausgrabungsstätte in Hampi, Januar 1993
Karnataka. In einer Landschaft mit riesigen rundgeschliffenen Felsblöcken übersäten Landschaft an den Ufern des Flusses Tungabhadra erhebt sich inmitten von Zuckerrohr- und Bananenpflanzungen das kleine Dorf Hampi, das vom Virupaksha-Tempel (15. Jh.) und seinem 52 Meter hohen *gopuram* überragt wird. Hampi war vom 14. bis zum 16. Jahrhundert unter dem Namen Vijayanagar – Stadt des Sieges – die Hauptstadt eines der größten Hindureiche in der Geschichte Indiens; sie hatte damals eine halbe Million Einwohner, war von sieben konzentrischen Mauern umgeben und unterhielt eine Armee von einer Million Söldnern. Ihr Reichtum beruhte auf dem Gewürzhandel und der Baumwollindustrie.

S. 248
Tempel-Squatters, Februar 1994
Krishnapuram, Tamil Nadu. Eine tamilische Familie hat in einem Tempel einen *maṇḍapa,* eine Säulenhalle, besetzt; die Frauen nutzen den Boden des Tempels, um den Reis zum Trocknen auszubreiten.

S. 250
Ruinen von Vijayanagar, Januar 1993
Karnataka. Blick vom Matanga Hill über die grandiosen Ruinen des Achyuta-Raya-Tempel mit seinen wunderbaren Skulpturen und Säulen; letztere gelten als »musikalisch«, weil sie bei jeder Berührung Klänge von sich geben.

S. 251
Sādhu, März 1989
Gimar, Gujarat. Dieser vollkommen nackte shivaitische *sādhu*, aus dessen aufgelöstem Knoten lange Haare fallen, hat seinen ganzen Körper mit Asche bedeckt; die Asche stammt aus dem rituellen Feuer, das er ständig am Brennen hält und das symbolisch für die Asche eines Scheiterhaufens steht – eine Anspielung auf die absolute Entsagung und eine Erinnerung an Śiva, der das Universum in Asche legte und sich dann den Körper mit dieser Asche einrieb. Der *sādhu* ist der in ganz Indien allgegenwärtige heilige Mann; es handelt sich um rätselhafte Persönlichkeiten, die jedoch verehrt werden, weil sie das geschaut haben, was der normale Sterbliche nicht sehen kann, und die Wirklichkeit jenes inneren Friedens ausdrücken, nach dem jeder Mensch strebt.

S. 254
Affendresseur, Januar 1988
Neu-Delhi. Zweifellos wegen ihrer Gabe, den Menschen nachzuahmen, gehören die Affen zu den drolligsten und anrührendsten Dressurtieren. Dieser Affe hier, mit einem Röckchen und Schellen an den Füßen, führt eine Tanznummer vor, den *katthak*, einen höfischen Tanz, für den die muslimischen Herrscher

Indiens eine besondere Vorliebe hegten und der noch heute von den jungen Mädchen aus guter Familie erlernt wird. Die dressierten Affen betteln um Trinkgeld, indem sie sich so lange an die Kleider der Zuschauer klammern, bis diese eine zusätzliche Münze fallen lassen. Solche Darbietungen auf offener Straße sind in Indien nach wie vor sehr beliebt.

S. 255
Muslimische Mädchen, Juni 2001
Murud, Maharashtra. Drei Mädchen, drei Schwestern, Zuleikha im rosa Kleid, Pushpa im violetten Kleid und die Kleinste, deren Namen wir vergessen haben, posieren für den Photographen, ohne irgendwelche Posen einzunehmen.

S. 258–259
Strand und Fischerhafen, März 1993
Varkala, Kerala. Fischernetze und -boote am feinsandigen Strand, Kokospalmen und blaues Meer: Varkala an der Gewürzküste ist der Inbegriff eines kleinen Paradieses.

S. 262
Arbeit im Reisfeld, Februar 1966
Tamil Nadu.

S. 263
Aussetzen der Reispflanzen, Februar 1966
Tamil Nadu.

S. 265
Hindupriester, November 1987
Ahmedabad, Gujarat. Begegnung und Begrüßung im Swāmī-Nārāyaṇ-Tempel.

S. 266–267
In den Wellen spielendes Paar, November 1987
Dwarka, Gujarat. Jungvermählte vergnügen sich in den blauen Wellen des Arabischen Meers. Wie der Dichter so schön sagt: »Glaube mir, sich eine junge Braut gefügig zu machen, ist ebenso schwer, wie Quecksilber auf der Hand zu halten.«

S. 270–271
Rituelles Bad im Ganges, Januar 1988
Benares, Uttar Pradesh.

S. 272
Frauen auf dem Marktfest, Januar 1984
Pushkar, Rajasthan.

S. 273
Elegante Frau aus dem Dorf, Januar 1984
Jaipur, Rajasthan.

S. 274–275
Muslimbraut, Januar 1984
Rampur, Uttar Pradesh. Das muslimische Gesetz erlaubt einem Mann bis zu vier Ehefrauen, sofern er die Mittel besitzt, sie zu ernähren, und die Fähigkeit, sich allen gegenüber gerecht zu verhalten. Ein Sprichwort aus der Mogulzeit behauptet: »Ein Mann sollte vier Frauen heiraten: eine Perserin, um mit jemandem reden zu können, eine Frau aus Chorasan, die die Hausarbeiten erledigt, eine Hindufrau, die sich um seine Kinder kümmert, und eine Frau aus Mavarunnahr, damit er jemanden hat, den er zur Warnung der drei anderen auspeitschen kann.«

S. 277
Zärtliche Szene, Dezember 1987
Udaipur, Rajasthan.

S. 278
Nāga-Altar, November 1992
Nashik, Maharasthra. In der indischen Mythologie ist der *nāga* – ein göttliches Wesen, halb Mensch, halb Schlange – der Hüter der natürlichen Schätze der Erde und ein Fruchtbarkeitssymbol. Die Frauen, die ein Kind haben wollen, beten und opfern vor Votivsteinen, die Schlangen darstellen. Die Schlange ist das in Indien nach der Kuh am meisten verehrte Tier. Ihr Kult ist nach wie vor sehr weit verbreitet; man opfert ihnen Milch und Früchten, und in vielen Häusern haben sie einen eigenen Altar.

S. 279
Haarschmuck, Januar 1993
Chidambaram, Tamil Nadu. S. Seiten 236–237.

S. 281
Die heilige Silbe Oṃ (Auṃ)
Miniatur aus der Kangra-Schule, 8. Jahrhundert (Bharat Kala Bhavan, Benares). Die hier wiedergegebene Silbe enthält unter anderem die drei wichtigsten Götter des Hindu-Pantheons, auch *trimūrti* genannt: Brahmā (mit vier Köpfen), Viṣṇu (in dunkelblauer Farbe auf dem Lotus) und Śiva (mit seinem Dreizack und der Mondsichel als Diadem). Siehe auch die Seiten 108 und 143.

S. 282–283
Jaina-Frauen, Februar 1982
Jaipur, Rjasthan. Indien hat den Sari erfunden, das schönste weibliche Kleidungsstück der Welt, ein Wunder an Eleganz, bei dem es sich trotzdem nur um eine einfache Stoffbahn handelt, die ein paar Meter lang und etwas mehr als einen Meter breit ist. Dieses von der überwiegenden Mehrheit der Inderinnen getragene Gewand kann in unendlich vielen Materialien und Formen getragen werden. Es macht die Schönen noch schöner und die weniger Schönen schön und kann sowohl schamhaft als auch provozierend wirken.

S. 284
Gebet an den nāga, März 1993
Belur, Karnataka. Der Schlangengott wird mit drei, sieben, neun oder zehn Köpfen dargestellt. Hier im Chennakeshava-Tempel betet eine junge Frau vor einer siebenköpfigen Kobra. Das ambivalente Wesen Śivas, der zugleich Schöpfer und Zerstörer ist, hat eines seiner wirkungsmächtigsten Symbole, die Kobra, mit ihm gemein: Trotz ihres Giftes schmückt sie den Hals Śivas und windet sich um seine Brust und Fußknöchel.

S. 285
Muslimbraut, Oktober 1981
Lahore, Pakistan. Fariha stammt von Rajputen ab; beiderseits der indo-pakistanischen Grenze haben sich in den verschiedenen Gemeinschaften vollkommen identische Bräuche erhalten.

S. 287
Die heilige Silbe Oṃ (Auṃ)
Miniatur der Sikh-Schule, 1830–1840 (Ranjit Singh Museum, Amritsar). Sie zeigt die drei Hauptgottheiten des Hinduismus und ihre weiblichen Konsorten: Brahmā mit Sarasvatī, Viṣṇu mit Lakṣmī und Śiva mit Pārvatī. Diese Miniatur ist Teil eines Handbuchs mit militärischen Direktiven in persischer Schrift und Sprache. Siehe auch die Seiten 108, 143 und 281.

S. 289
Tilaka, Februar 1989
Ahmedabad, Gujarat. Siehe die Seiten 202–203. Die *bindī* (oder *tilaka*) war früher die Erkennungsmarke verheirateter Frauen. Heute wird dieser schutzbringende Punkt auf der Stirn von allen Frauen, mit Ausnahme von Witwen, verwendet. Anfangs ausschließlich rot, gibt es den *tilaka* heute in allen Schattierungen, und die ganz Koketten stimmen ihn auf die Farbe ihres Saris ab. Hier befinden wir uns am Eingang eines Tempels, der Hanumān, dem Affengott, geweiht ist.

AFGHANISTAN
CHINA
PAKISTAN
NÉPAL
BHOTAN
BANGLADESH
MYANMAR (BURMA)
SRI LANKA
MALEDIVEN
Waffenstillstandslinie von 1949
LADAKH
Srinagar
JAMMU UND KASCHMIR
Indus
Jammu
Dalhousie
HIMACHAL PRADESH
Lahore
Amritsar
Ludhiana
Simla
Chandigarh
CHANDIGARH
PUNJAB
Dehra Dun
UTTARANCHAL
Yamuna
HARYANA
Meerut
Rampur
Delhi
DELHI
NEU-DELHI
Ganges
Mathura
Agra
UTTAR PRADESH
RAJASTHAN
Jaipur
Jodhpur
Ajmer
SIND
Lucknow
Ayodhya
Kanpur
Chambal
Gwalior
Yamuna
Allahabad
Sarnath
Varanasi (Benares)
BIHAR
Patna
Bodh Gaya
Brahmaputra
ARUNACHAL PRADESH
SIKKIM
Gangtok
Thimphu
Itanagar
ASSAM
NAGALAND
Guwahati
Dispur
Kohima
Shillong
MEGHALAYA
Imphal
MANIPUR
Agartala
TRIPURA
Aizwal
MIZORAM
Mount Abu
Nathdwara
Kota
Udaipur
MADHYA PRADESH
Gandhinagar
Ahmedabad
Golf von Kutch
Dwarka
Rajkot
GUJARAT
Vadodara (Baroda)
Mandu
Bhopal
Sanchi
Indore
Narmada
Jabalpur
Maheshwar
Palitana
Girnar
JHARKHAND
Ranchi
Asansol
OSTBENGALEN
Jamshedpur
Kolkata (Calcutta)
Ganges Delta
CHHATTISGARH
Surat
DAMAN AND DIU
Daman
Silvassa
DADRA AND NAGAR HAVELI
Nashik
Ellora
Nagpur
Dekkan
Raipur
Mahanadi
ORISSA
Bhubaneshwar
Puri
MAHARASHTRA
Godavari
Mumbai (Bombay)
Ulhasnagar
Pune (Poona)
Murud
Solapur
Golf von Bengalen
Arabisches Meer
Hyderabad
Vishakhapatnam
Krishna
Vijayavada
Panaji
GOA
ANDHRA PRADESH
Hampi
KARNATAKA
Belur
Bangalore
Shravanabelagola
Mysore
Chennai (Madras)
Auroville
PONDICHÉRRY
(Pondichéry)
Salem
Chidambaram
Kozhikode (Calicut)
Coimbatore
Kumbakonam
Kavaratti
Cheruthuruthy
TAMIL NADU
LAKKADIVEN
KERALA
Kochi (Cochin)
Madurai
Rameshwaram
Varkala
Tirunelveli
Tiruchendur
Thiruvananthapuram (Trivandrum)
Golf von Mannar
Adamanen
Port Blair
Nikobaren
INDISCHER OZEAN
N
W
O
S
© Légendes Cartographie
0 100 200 300 km
Maßstab
Von Indien reklamierte Gebiete

Glossar

Advaita
»Nichtzweiheit«. Monistische Lehre, zu deren bedeutendsten Vertreter Śaṅkarācārya (9. Jh. n. Chr.) zählt.

Apsaras
Schöne Nymphen, die im Wasser, im Wald und im Luftreich wohnen, tanzen und zaubern.

Āsana
Konzentrationsfördernde Yogapositur.

Ātman
Individuelles Prinzip; das »Selbst«, identisch mit *brahman*.

Avātara
»Herabkunft«. Erscheinungsform der Götter auf Erden und Quelle der Kraft.

Āyurveda
»Veda der vollständigen Lebensdauer«. Methode der Körperpflege und Gesundheitsvorsorge.

Brahman
Höchstes geistiges Prinzip, All-Seele, das unpersönliche Absolute.

Cakrā
»Rad«. Im Hinblick auf den menschlichen Körper entsprechen die *cakrā* sieben Energiezentren.

Dhyāna
»Meditation«. Die Erfahrung des Bewußtseins bleibt auf einen Punkt konzentriert. Im Chinesischen wurde daraus *tch'an*, im Japanischen *zen*.

Jāti
»Geburt und dadurch bestimmte – erbliche – Daseinsform«, auch mit »Unterkaste« übersetzt.

Kalarippayat
In Kerala entstandene Kampfsportart.

Kāma
Gott der geschlechtlichen Liebe. Mit diesem Wort wird auch das Verlangen als treibende Kraft der Schöpfung bezeichnet.

Karma(n)
»Handlung«. Aufgrund seines *karma* entscheidet sich, in welcher Gestalt der Mensch wiedergeboren wird.

Kuṇḍalini
»Die Eingerollte«. Menschliche Ernergie, symbolisiert durch eine eingerollte Schlange an der Basis der Wirbelsäule.

Līlā
»Spiel«. Das Spiel der Gottheit, die sich hinter der Māyā verbirgt.

Liṅgam
»Zeichen«. Phallus, der Śiva und über ihn den vitalen und spirituellen Elan symbolisiert.

Māṇḍala
»Kreis«. Darstellung des Kosmos, die zur Unterstützung beim Meditieren dient, oder im Ritual ein magisches Diagramm, in dem sich die göttlichen Kräfte konzentrieren.

Māyā
Ein das menschliche Vorstellungsvermögen übersteigendes Vermögen, Wunderbares zu schaffen oder zu bewirken. Oft mit »Illusion«, »Trugbild« übersetzt.

Mudrā
Hand- und Fingerstellung im Yoga und in der darstellenden Kunst.

Nirvāṇa
»Auslöschung«. Überbewußter Zustand, der für den normalen Menschen nicht fasslich ist.

Rāga
»Färbung«. Melodietyp, der auf einer Tonleiter beruht.

Samādhi
Versenkung und Identifikation; Grabmal der Weisen.

Saṃsāra
»Kreislauf der Seelenwanderung«. Das Eingebundensein im rastlosen Strom des Weltgeschehens.

Saṃnyāsin
Umherziehender Asket, der der Welt und ihren Versuchungen entsagt hat.

Śakti
Göttliche Energie und Konsortin eines Gottes.

Tilaka
Roter, glückbringender Punkt auf der Stirn verheirateter Frauen. Auch *ṭikā* oder *bindi* genannt.

Upanischaden (Upaniṣad)
»Das Sich-Niedersetzen«. Theologische und philosophische Abhandlung über die Erlösung des Menschen und Kommentar zum Veda.

Varṇa
»Farbe«. Die *varṇa* bilden die vier Kasten der traditionellen indischen Gesellschaft.

Veda
»Wissen«. Alte Tradition der Brahmanen, die vermittelt die Kenntnis der übermenschlichen Mächte und das Wissen darüber vermittelt, wie sie zu beeinflussen sind.

Vedānta
»Ende des Weges«. Monistisch ausgerichtete philosophische Schule.

Yoni
»Mutterschoß«. Als heilig geltendes Symbol des weiblichen Geschlechts.

Kurze Chronologie

Aufgrund der vielen Dynastien, die im Norden und im Süden Indiens geherrscht haben, und der Tatsache, daß eine Einigung erst in der Jetztzeit zustande kam, haben wir uns darauf beschränkt, nur einige der wichtigsten Etappen zu erwähnen. Diese Chronologie endet mit der Unabhängigkeit Indiens.

Vor Christus

50 000 – 30 000	Prähistorische Besiedlung durch proto-australoide Gruppen.
Um 2500	Industalkultur mit den Zentren Harappa und Mohenjo-Daro.
Um 1500	Indoeuropäer stoßen in den Punjab vor, zerstören die Industalkultur und dringen bis in den Dekkan vor.
Ca. 800–600	Königreich von Magadha.
Um 560	Geburt Siddharta Gautamas, des späteren Buddha, und Mahāvīras, des Begründer des Jainismus.
Ca. 520 – 515	Eroberung des Indusbeckens durch die Perser.
326	Alexander von Makedonien erreicht nach der Eroberung des Perserreichs den Indus.
Ca. 325 – 185	Maurya-Dynastie.
Ca. 270 – 231	Unter der Herrschaft Kaiser Aśokas (Maurya) wird die Ausbreitung des Buddhismus gefördert.
2. Jahrhundert	Shunga-Dynastie.
Um 80	Die Skythen (Shaka) fallen im Norden und Nordosten Indiens ein.

Nach Christus

1. Jahrhundert	Die Kushan vertreiben die Shaka.
Ende 3. Jh.	Untergang des Kushan-Reichs.
Ende 3. Jh. – 9. Jh.	Pallava-Dynastie in Südindien.
4. – 8. Jh.	Guptareich im Norden.
Um 460	Invasionen der Hunnen in Nordwestindien.
712	90 Jahre nach der Hedschra fallen die Araber im Süden ein.
8. – 12. Jh.	Die buddhistische Pala-Dynastie herrscht in Nordostindien.
10. – 13. Jh.	Chola-Reich im Süden.
11. – 12. Jh.	Muslimische Invasionen im Norden.
1192	Gründung des Sultanats Delhi.
1202	Eroberung von Benares durch die Muslime.
14. Jh.	Eroberung des Dekkan und Südindiens durch die Muslime.
1336 – 1565	Königreich Vijayanagar in Karnataka. Als letztes Bollwerk der Hindus wird dieses Reich in der Schlacht von Talikota von den Muslimen besiegt.
1526	Gründung der muslimischen Mogul-Dynastie unter Babur.
1556 – 1565	Herrschaft des Mogulkaisers Akbar.

16.–17. Jh.	Die Europäer (Portugiesen, Holländer, Briten und Franzosen) richten an den Küsten Indiens Handelniederlassungen ein.
1658–1707	Herrschaft des Mogulkaisers Aurangzeb.
1673	Die Franzosen in Pondichéry.
1674	Gründung der Marathen-Dynastie in Zentralindien. Sie kämpft zuerst gegen die Moguln, dann bis zu ihrer Niederlage 1818 gegen die Briten.
1698	Die Briten gründen Kalkutta und annektieren Bombay.
1749	J. F. Dupleix hält einen Großteil des Dekkan unter seiner Kontrolle. Er wird 1754 nach Paris zurückbeordert. Damit endet die Zeit der beträchtlichen französischen Präsenz in Indien.
1803	Die Briten erobern Delhi und Agra.
1857–1858	Nach dem Sepoy-Aufstand (»Mutiny«) wird Indien britische Kronkolonie.
1876	Königin Victoria wird Kaiserin von Indien.
1911	Neu-Delhi löst Kalkutta als Hauptstadt des Reiches ab.
1920	Gandhi beginnt eine große gewaltlose Kampagne mit dem Ziel, die Briten zu vertreiben.
1935	Erste indische Verfassung: *Government of India Act*.
1942	Beginn der *Quit-India*-Bewegung. Der Ruf nach einer Teilung Indiens zwischen Hindus und Muslimen wird lauter.
1947	Vorbereitung der Unabhängigkeit Indiens durch Vizekönig Lord Mountbatten; sie wird begleitet von Gewalttätigkeiten zwischen Hindus und Muslimen. Das Reich Indien wird zwischen Indien, den beiden Pakistan und Ceylon aufgeteilt. Am 15. August 1947 wird die Unabhängigkeit verkündet.
1950	Ausrufung der Indischen Republik. Pandit Nehru wird erster Ministerpräsident.

Ausgewählte Bibliographie

Pierre AMADO, *Femmes du Rajasthan* (mit Jean-Luc LALOUX), Paris: Chêne, 1981.

Michel ANGOT, *L'Inde classique*, Paris: Les Belles Lettres, 2001.

Flavius ARRIANUS, *Alexanders des Grossen Siegeszug durch Asien* (eingel. u. neu übertragen v. Wilhelm Capelle), Zürich: Artemis-Verlag, 1950.

Flavius ARRIANUS, *L'Inde*, Paris: Les Belles Lettres, 1968.

Jeannine AUBOYER,
- *Inde* (mit Jean-Louis NOU), Paris: Nathan, 1986;
- *La vie quotidienne dans l'Inde ancienne*, Paris: Hachette, 1961.

Shri AUROBINDO,
- *De la Grèce à l'Inde*, Paris: Albin Michel, 1976;
- *Le guide du yoga*, Paris: Albin Michel, 1976.

Jean-Louis BACQUÉ-GRAMMONT, *Le livre de Babur. Mémoires du premier Grand Mogol des Indes (1494-1529)*, Paris: Imprimerie nationale, 1985.

Heinz BECHERT u. a., *Der Buddhismus, Bd.I: Der indische Buddhismus und seine Verzweigungen* (=Die Religionen der Menschheit, hrsg. v. Peter Antes, Hubert Cancik, Burkhard Gladigow u. Martin Greschat, Bd. 24,1), Stuttgart, Berlin, Köln: Kohlhammer 2000.

Bhagavadgita: Das Lied der Gottheit (übers. v. Robert Boxberger), Stuttgart: Reclam 1955.

Kamaleswar BHATTACHARYA, *L'ātman-brahman dans le bouddhisme ancien*, Paris: École Française d'Extrême-Orient, 1973.

Lokenath BHATTACHARYA, *La danse*, Saint-Clément: Fata Morgana, 1991.

Madeleine BIARDEAU,
- *L'hindouisme*, Paris: Flammarion, 1995;
- *Le sacrifice dans l'Inde ancienne* (mit Charles MALAMOUD), Löwen: Peeters, 1996;
- *Le Mahābhārata*, Paris: Seuil, 2002.

Jean BIÈS, *Littérature française et pensée hindoue des origines à 1950*, Paris: Klincksieck, 1974.

Paul du BREUIL, *Les Jaïns de l'Inde*, Paris: Aubier, 1990.

Jacques BROSSE, *Le Bouddha*, Paris: Pygmalion, 1997.

Guy BUGAULT, *L'Inde pense-t-elle?* Paris: Presses universitaires de France, 1994.

Wu CHENG'EN, *Le Singe pèlerin ou le Pèlerinage d'Occident (Si-Yeou-ki)*, Paris: Payot, 1992.

Edward CONZE, *Le bouddhisme*, Paris: Payot, 1995 (dt.: *Der Buddhismus, Wesen und Entwicklung*, Stuttgart: Kohlhammer, 1995).

Ānanda K. COOMARASWAMI,
- *Pour comprendre l'art hindou*, Rennes: Editions Awac, 1978;
- *La danse de Shiva*, Paris: L'Harmattan, 1994;
- *Hindouisme et bouddhisme*, Paris: Gallimard, 1995.

Alain DANIÉLOU,
- *Mythes et dieux de l'Inde*, Monaco: Du Rocher, 1992/Paris: Flammarion, »Champs«, 1994;
- *La musique de l'Inde du Nord*, Saint-Clément: Fata Morgana, 1995(dt.: *Einführung in die indische Musik*, Wilhelmshaven: Noetzel, 1991);
- *Les quatre sens de la vie*, Monaco: Du Rocher, 2000.

René Daumal, *Bharata – L'origine du théâtre. La poésie et la musique en Inde*, Paris: Gallimard, 1972.

Alexandra David-Néel, *L'Inde où j'ai vécu*, Paris: Plon, 1989 (dt.: *Mein Indien: die abenteuerlichen Reisen einer ungewöhnlichen und mutigen Frau*, München: Droemer Knaur, 1993).

Michel Delahoutre,
– *Les Sikhs,* Turnhout: Brepols, 1989;
– *Indische Kunst, Ursprung und Entwicklung*, München: Hirmer, 1996.

Guy Deleury,
– *Le modèle indou*, Paris: Hachette, 1978;
– *Gandhi,* Paris: Pygmalion, 1997;
– *L'Inde, continent rebelle,* Paris: Seuil, 2000.

Der Rig-Veda (übers. v. Karl Friedrich Geldner), Harvard Oriental Studies, Cambridge, Massachusetts: Harvard University Press, 1951.

Roger-Pol Droit :
– *L'oubli de l'Inde. Une amnésie philosophique,* Paris: Presses universitaires de France, 1992;
– *Le culte du néant: les philosophes et le Bouddha,* Paris: Seuil, 1997.

Abbé Jean Antoine Dubois, *Leben und Riten der Inder. Kastenwesen und Hinduglaube in Südindien um 1800*, Bielefeld: Verlag Peter Rump, 2002.

Georges Dumézil, *Mythe et épopée,* Paris: Gallimard, 1995.

Louis Dumont, *Homo hierarchicus, le système des castes et ses implications,* Paris: Gallimard, 1986.

François Durand-Dastès, *Géographie de l'Inde* (= Que sais-je?, Bd. 1184), Paris: Presses universitaires de France, 1997.

Mircea Eliade :
– *Patanjali et le yoga,* Paris: Seuil, 1976 (dt.: *Der Yoga des Patanjali*, Freiburg: Herder, 1999)
– *L'Inde,* Paris: Pocket, 1990;
– *Techniques du yoga,* Paris: Gallimard, 1994;
– *Sur l'érotique mystique indienne,* Paris: L'Herne, 1997.

Jean Filliozat (mit Louis Renou u. a.) :
– *L'Inde classique,* Bd. I, Paris: Imprimerie nationale, 1947–49; Bd. II, Paris: École Française d'Extrême-Orient, 1947–53;
– *La doctrine classique de la médecine indienne,* Paris: École Française d'Extrême-Orient, 1975;
– *Les philosophies de l'Inde* (= Que sais-je?, Bd. 932), Paris: Presses universitaires de France, 1988.

Pierre-Sylvain Filliozat (hrsg. mit Béatrice Didier), *Dictionnaire des littératures de l'Inde,* Paris: Presses universitaires de France, 2001.

A. Foucher, *La vie du Bouddha d'après les textes et les monuments de l'Inde,* Paris: J. Maisonneuve, 1987.

Louis Frédéric :
– *Dictionnaire de la civilisation indienne,* Paris: Laffont, 1987;
– *Histoire de l'Inde et des Indiens,* Paris: Critérion, 1996;
– *Borobodur* (mit Jean-Louis Nou), München: Hirmer 1995.

Gandhi, *Expérience de vérité ou autobiographie,* Paris: Presses universitaires de France, 1950 (dt.: *Eine Autobiographie oder die Geschichte meiner Experimente mit der Wahrheit*, Gladenbach/Hessen: Hinder & Deelmann, 1977).

Jan Gonda :
– *Védisme et hindouisme ancien,* Paris: Payot, 1979.
– *Die Religionen Indiens, Bd. I: Veda und älterer Hinduismus* (= Die Religionen der Menschheit, hrsg. v. Christel Matthias Schröder, Bd. 11), Stuttgart, Berlin, Köln, Mainz: Kohlhammer, 1978.

Jean Grenier, *Sur l'Inde,* Saint-Clément: Fata Morgana, 1974 (dt.: *Über Indien*, Berlin: Merve-Verlag, 1995).

René Guénon, *Introduction générale à l'étude des doctrines hindoues,* Paris: Trédaniel, 1997.

Jean Herbert, *Spiritualité hindoue,* Paris: Albin Michel, 1988.

Christophe Jaffrelot (Hrsg.), *L'Inde contemporaine: de la partition à aujourd'hui,* Paris: Fayard, 1996.

Kabir. Ich habe mein Haus verbrannt (übers. v. Lothar Lutze), Im Kontext. Beiträge zu Religion, Philosophie und Kultur, hrsg. v. Peter Tschuggnall, Bd. 12, Anif, Salzburg: Verlag Müller-Speiser, 1998.

Sudhir Kakar, *Moksha, le monde intérieur: enfance et société en Inde,* Paris: Les Belles Lettres, 1985 (dt.: *Kindheit und Gesellschaft in Indien,* Frankfurt/Main: Nexus-Verlag, 1988).

Alexandre Kalda, *Promenade en Inde,* Paris: Grasset, 1996.

Graf Hermann Keyserling, *Das Reisetagebuch eines Philosophen*, Darmstadt: Otto Reichl Verlag, 1923.

Rudyard Kipling, *Kim* (übers. v. Hans Reisiger), München: List Verlag, 1967.

Olivier Lacombe, *L'absolu selon le Vedānta,* Paris: Genthner, 1966.

Étienne Lamotte, *Histoire du bouddhisme indien, des origines à l'ère Shaka,* Löwen: Peeters, 1976.

Henri Le Saux, *Sagesse hindoue, mystique chrétienne,* Paris: Centurion, 1991 (dt.: *Indische Weisheit – christliche Mystik*, Luzern: Dom le Saux/München: Rex-Verlag, 1968).

Sylvain Lévi :
- *L'Inde et le monde,* Paris: H. Champion, 1928;
- *Le théâtre indien,* Paris: Collège de France, 1963.

Shri Mahesh, *Yoga et symbolisme,* Monaco: Du Rocher, 1996.

Charles Malamoud, *Cuire le monde. Rite et pensée dans l'Inde ancienne,* Paris: La Découverte, 1989.

André Malraux, *Anti-Memoiren*, Frankfurt/Main: S. Fischer 1968.

Claude Markovits (Hrsg.), *Histoire de l'Inde moderne (1480-1950),* Paris: Fayard, 1994.

Gita Metha, *Narmada oder Geschichten vom menschlichen Herzen* (übers. v. Margarete Längsfeld), München: Droemer Knaur, 1993.

Tara Michaël, *Yoga,* Paris: Le Seuil, 1995.

Henri Michaux, *Ein Barbar in Asien* (übers. v. Dieter Hornig), Graz: Literaturverlag Droschl, 1992.

Prithwindra Mukherjee, *Shri Aurobindo,* Paris: Desclée de Brouwer, 2000.

Amina Okada :
- *L'Inde du XIXe siècle,* Paris/Marseille: Agep, 1991;
- *Taj Mahal* (mit Jean-Louis Nou), Imprimerie nationale, 1993 (dt: *Taj Mahal*, München: Hirmer, 1993);
- *Das indische Grabmal des I'timad ud-Daulah* (mit Jean-Louis Nou), München: Hirmer, 2004;
- *Rajasthan* (mit Susanne Held), München: Hirmer, 2000.

André Padoux, *L'énergie de la parole: cosmogonies de la parole tantrique,* Saint-Clément: Fata Morgana, 1994.

Pier Paolo Pasolini, *L'odore dell'India,* Parma: U. Guanda, 2000.

Louis Renou :
- *Les littératures de l'Inde* (=Que sais-je?, Bd. 503), Paris: Presses universitaires de France, 1966;
- *La civilisation de l'Inde ancienne,* Paris: Flammarion, 1981;
- *L'hindouisme* (=Que sais-je?, Bd. 475), Paris: Presses universitaires de France, 2001 (dt.: *Der Hinduismus*, Stuttgart: Fackel-Verlag, 1985).

Michel RENOUARD, *La littérature indienne de langue anglaise* (= Que sais-je?, Bd. 3197), Paris: Presses universitaires de France, 1997.

Romain ROLLAND :
– *La vie de Vivekananda et l'évangile universel,* Paris: Stock, 1978;
– *La vie de Ramakrishna,* Paris: Stock, 1993.

Daryush SHAYEGAN, *Hindouisme et soufisme,* Paris: Albin Michel, 1997.

Lilian SILBURN :
– *La bhakti, étude sur le shivaïsme du Kashmir,* Paris: De Boccard, 1979;
– *Instant et cause,* Paris: De Boccard, 1979;
– *La Kundalinī ou l'énergie des profondeurs,* Paris: Les Deux Océans, 1996.

Calambur SIVARAMAMURTI, *L'Art en Inde,* Paris: Mazenod, 1999 (dt.: *Indien: Kunst und Kultur,* Freiburg/Br.: Herder, 1981).

Rabindranath TAGORE :
– *Sadhana,* Paris: Albin Michel, 1971 (dt.: *Sadhana, der Weg zur Vollendung,* München: Wolff, 1921);
– *Hundert Gedichte Kabirs* (übers. v. C. M. Muncker u. A. Haas), Freiburg/Br.: Hyperion-Verlag, 1961.

Ysé TARDAN-MASQUELIER (hrsg. mit Frédéric LENOIR), *Les religions de l'Inde,* in: Encyclopédie des religions, Paris: Bayard, 1997.

Ysé TARDAN-MASQUELIER, *L'hindouisme. Des origines védiques aux courants contemporains,* Paris: Bayard, 1999.

Giuseppe TUCCI, *Théorie et pratique du mandala,* Paris. Fayard, 1989 (dt.: *Geheimnis des Mandala, Theorie und Praxis,* Weilheim: Barth, 1972).

Upanischaden. Ausgewählte Stücke (übers. v. Paul Thieme), Stuttgart: Reclam 1966.

Jean VARENNE :
– *Cosmogonies védiques,* Paris: Les Belles Lettres, 1982;
– *Le tantrisme: mythes, rites et métaphysique,* Paris: Albin Michel, 1997;
– *Dictionnaire de l'hindouisme,* Monaco: Du Rocher, 2002.

Rose VINCENT, *L'aventure des Français en Inde,* XVIIe-XXe *siècle,* Paris: Kailash, 1995.

Helmuth VON GLASENAPP, *Indische Geisteswelt, Bd.I: Glaube und Weisheit der Hindus,* Baden-Baden: Holle Verlag, o.J.

Kiran VYAS, *L'ayurvéda au quotidien. Pratiques de santé de l'Inde,* Romont: Recto-Verseau, 1996.

Heinrich ZIMMER :
– *Mythes et symboles de l'Inde,* Paris: Payot, 1951 (dt.: *Indische Mythen und Symbole,* München: Diederichs, 1991);
– *Le roi et le cadavre,* Paris: Fayard, 1978;
– *Les philosophies de l'Inde,* Paris: Payot, 1997 (dt.: *Philosophie und Religion Indiens,* Frankfurt/Main: Suhrkamp, 1998).

Für die deutsche Ausgabe dankt der Verlag den folgenden Verlagen für die Abdruckrechte

Artemis-Verlag, Zürich
Flavius Arrianus, *Alexanders des Grossen Siegeszug durch Asien*, eingeleitet und neu übertragen von Wilhelm Capelle, Zürich 1950
Seite 92 und 93

Droemersche Verlagsanstalt Th. Knaur, Nachfolger, München
Gita Mehta, *Narmada oder Geschichten vom menschlichen Herzen*, aus dem Englischen übersetzt von Margarete Längsfeld, München 1993
Seite 216 und 217

S. Fischer Verlag, Frankfurt
André Malraux, *Anti-Memoiren*, aus dem Französischen übersetzt von Carlo Schmid, Frankfurt/Main 1968,
Seite 216 und 299

Harvard University Press, Cambridge, Massachusetts
Der Rig-Veda, übersetzt von Karl Friedrich Geldner, Harvard Oriental Studies, Cambridge, Massachusetts 1951
Seite 17, 24 und 25

List Verlag, München
Rudyard Kipling, *Kim*, aus dem Englischen übersetzt von Hans Reisinger, München 1967
Seite 208

Literaturverlag Dröschl, Graz
Henri Michaux, *Ein Barbar in Asien*, aus dem Französischen übersetzt von Dieter Hornig, Graz 1992
Seite 190 und 212

Otto Reichl Verlag, Darmstadt
Graf Hermann Keyserling, *Das Reisetagebuch eines Philosophen*, Darmstadt 1923
Seite 209 und 212

Verlag Müller-Speiser, Salzburg
Kabir. Ich habe mein Haus verbrannt, übersetzt von Lothar Lutze und herausgegeben von Peter Tschuggnall, Salzburg 1998
Seite 157, 172 und 178

Verlag Peter Rump, Bielefeld
Jean Antoine Dubois, *Leben und Riten der Inder. Kastenwesen und Hinduglaube in Südindien um 1800*, Bielefeld 2002
Seite 93

Die Bildrechte werden durch die Agence Rapho in Paris vertreten;
Roland und Sabrina Michaud sind Mitglieder der Fondation Leica